中国語中級講読テキスト

Xīnbǎn・Zhōngguó zhī chuāng
新版・中国之窗
―认识真实的邻国―

新版・中国の窓——真実の隣国を知ろう

城市篇
社会・世态篇
历史遗产篇
历史人物篇
成语篇
中日交流历史篇

＊

村松惠子
前田光子
董　紅俊

白帝社

まえがき

　本テキストは主に大学で使うための中級者向け講読用テキストで、全24課の構成です。すでに出版されている『中国之窓（中国の窓）』を、今回、『新版・中国之窓（新版・中国の窓）』として、内容を書き改めました。

　テキストの内容のコンセプトは、中級程度の中国語読解力養成と、「中国」という地域に対する深い理解にあります。これを踏まえて、以下で、本書の特徴を詳細に説明していきます。

(1)　6編の構成：本テキストは、① 都市編、② 社会・世相編、③ 歴史遺産編、④ 歴史人物編、⑤ 成語編、⑥ 日中交流歴史編の6編の構成となっています。今回は新たに、日本と中国の歴史的関係に対する理解を深める助けとなる内容の「⑥ 日中交流歴史編」を加えました。

(2)　24課の構成：各編4課ずつで、合計24課です。この24課は、必ずしも第1課から順に第24課まで読み進めていく必要はなく、興味のある課から精読していってかまいません。従って、各課にある「語注」は重複したものがあります。

(3)　「基礎知識」：各課の最初に「基礎知識」というコーナーを設け、各課の本文を理解する導入となる内容を日本語で説明しています。まずここを読んでから、本文に入ってください。

(4)　「本文」：各課の「本文」には、その課の中国語の本文が、分かち書きせず、発音記号（拼音字母）も書かれていない状態で載せてあります。これが本来の中国語の文章です。ここを見て発音することができ、内容も理解できる人は、是非ここを精読してください。

(5)　「本文を中国語で発音し、精読していきましょう」：ここでは、本文を分かち書きし、さらに発音記号（拼音字母）が書かれています。「本文」が中国語で発音できない場合には、ここを発音し、精読していきましょう。そして最後に「本文」に戻ってもう一度精読してみると、中国語読解力がグーンとアップするでしょう。

(6)　巻末のCD：本テキストには、ネイティブの録音によるCDが付いています。CDを何度も聞いて、ぜひ耳から中国語に慣れる努力もしてください。

　以上、本テキストを十分に活用しながら、中国語のまとまった文章を精読することによって読解力を養い、同時に中国に対する理解を深めていきましょう。

著　者

目 次

| 城市篇 | 1 |

第 一 课　北京（北京）2
第 二 课　上海（上海）6
第 三 课　西安（西安）10
第 四 课　广州（広州）14

| 社会・世态篇 | 19 |

第 五 课　让一部分人先富起来 20
　　　　　（一部の人に先に豊かになってもらう）
第 六 课　骄傲的GDP的背后 24
　　　　　（誇りとしたGDPの陰で）
第 七 课　互联网在改变中国 28
　　　　　（インターネットが中国を変える）
第 八 课　房奴、车奴和卡奴 32
　　　　　（家の奴隷、車の奴隷とカードの奴隷）

| 历史遗产篇 | 37 |

第 九 课　万里长城 38
　　　　　（万里の長城）
第 十 课　泰山 42
　　　　　（泰山）
第十一课　秦始皇陵及兵马俑坑 46
　　　　　（秦の始皇帝陵と兵馬俑坑）
第十二课　客家与"福建土楼"建筑群 50
　　　　　（客家と「福建土楼」建築群）

| 历史人物篇 | 55 |

第十三课　孔子（孔子）56
第十四课　屈原（屈原）60
第十五课　秦桧（秦檜）64
第十六课　鲁迅（魯迅）68

| 成语篇 | 73 |

第十七课　卧薪尝胆 74
　　　　　（臥薪嘗胆）
第十八课　破釜沉舟 78
　　　　　（破釜沈舟）
第十九课　班门弄斧 82
　　　　　（魯班の家の玄関の前で斧を振り回す）
第二十课　塞翁失马 86
　　　　　（人間万事塞翁が馬）

| 中日交流历史篇 | 91 |

第二十一课　遣隋使与遣唐使 92
　　　　　　（遣隋使と遣唐使）
第二十二课　鉴真和尚与荣叡、普照 98
　　　　　　（鑑真和上と栄叡、普照）
第二十三课　清末到民国时期的
　　　　　　　来日中国留学生 104
　　　　　　（清朝末期から民国期の来日中国人
　　　　　　　留学生）
第二十四课　1972年的中日邦交正常化 111
　　　　　　（1972年の日中国交正常化）

● 付録　「中華人民共和国政府と日本国政府の共同声明」
　　　　中国歴史年表
　　　　中国全図

Zhōngguó
zhī chuāng

城市篇

第一课	北京 Běijīng
第二课	上海 Shànghǎi
第三课	西安 Xī'ān
第四课	广州 Guǎngzhōu

第一课 北京

基礎知識

　　北京市は中華人民共和国の首都であり、直轄市（他に天津市、上海市、重慶市）の一つです。面積は日本の四国に相当し、2022年の戸籍人口は約1400万人、常住人口は約2200万人です。常住人口の中には800万人余りの外来常住者人口が含まれています。

　　北京は、東北地方やモンゴルと、中華文明の発源である中原地域の中間に位置し、金（中都）、元（大都）、明（北京）、清（北京）の各王朝が都を置いたところで、「七大古都（西安、洛陽、開封、南京、杭州、北京、安陽）」の一つです。1928年に中華民国政府は南京を首都としました（この間は北京は「北平」と呼ばれていました）が、1949年の中華人民共和国成立により再び北京が首都となりました。このように北京は都としての長い歴史をもつ都市なのです。

　　北京には各時代の歴史遺産が残されていますが、最も多いのは明（1368～1644）、清（1616～1911）時代のもので、明・清両王朝の宮城である「紫禁城」（現在は「故宮博物院」）、皇帝が五穀豊穣を祈願した場所である「天壇」（現在は「天壇公園」）、皇帝が行幸する際の仮の宮居である「頤和園」（西太后が命名）、明王朝十七人の皇帝のうち十三人が葬られている陵墓である「明の十三陵」、さらに、8メートルの高さにレンガを積み上げて頑丈に造られた城壁が美しい「八達嶺長城」や、北京原人が発掘された「周口店遺跡」などがあります。

　　首都である北京には、国の最高権力機関である「全国人民代表大会」が開催される「人民大会堂」や、政府・党の要人の居住地である「中南海」の他に、中央官庁、中国科学院の各研究所、多数の大学などがあり、国家の政治、文化、教育、交通の中枢として機能しています。

本文

　　北京是一座有着悠久历史的城市，光列入《世界遗产名录》的名胜古迹就有故宫、天坛、颐和园、明十三陵、长城和周口店北京人遗址等六处，是值得游览的好地方。

　　北京是中国的首都，是该国的政治、文化和交通中心。天安门广场位于北京的正中心，周围有人民大会堂、国家博物馆等有名的建筑。外国元首访问中国的时候往往在天安门广场举行欢迎仪式，在人民大会堂里举行首脑会谈。

　　在这座现代化的大都市里生活着两千多万人，其中包括数百万常住外来人口。对拥有北京户口的市民来说，外来人口是他们生活中的重要伙伴儿，因为他们承担着保姆、餐厅服务员、建筑工人等许多行业的工作。

　　北京有北京大学、清华大学、人民大学等众多高等学府，有中国科学院、社会科学院等许多科研机构。另外，在北京的文教区海淀区里，还有被誉为"中国的硅谷"的中关村科技园区，那里聚集着以联想、百度等为代表的两万多家高新技术企业。因此，说北京是一座人才宝库一点也不过分。

　　在北京，不仅可以品尝到宫廷菜、烤鸭、涮羊肉等特色菜，还可以品尝到全国各地的名菜。要是您是一位美食家，到了北京还应该去尝尝炒肝儿、烧卖、茶汤等传统小吃。您可别小看这些价格便宜的食品，您只要吃了第一次，一定还想吃第二次。

　　北京的公共交通相当方便，有地铁、轻轨、公共汽车等，费用也很便宜。但是，由于拥有私家车的人越来越多了，交通堵塞情况比较严重。汽车尾气的排放以及燃煤污染排放严重影响了空气质量，这是令当局困惑，令市民头疼的问题，亟待从根本上解决。

　　北京获得了2022年第24届冬奥会举办权，成为第一个既举办过夏奥会又举办冬奥会的城市。相信冬奥会一定会成功举办，北京也将会变得更加有魅力。

本文を中国語で発音し、精読していきましょう。

北京 是 一座 有着 悠久 历史 的 城市，光[1] 列入[2] 《世界遗产
Běijīng shì yí-zuò yǒuzhe yōujiǔ lìshǐ de chéngshì, guāng lièrù 《Shìjiè-yíchǎn

名录》 的 名胜古迹 就 有 故宫、天坛、颐和园、明十三陵、
mínglù》 de míngshèng-gǔjì jiù yǒu Gùgōng、Tiāntán、Yíhéyuán、Míng-shísānlíng、

长城 和 周口店 北京人 遗址 等 六处，是 值得[3] 游览 的
Chángchéng hé Zhōukǒudiàn Běijīngrén yízhǐ děng liù-chù, shì zhíde yóulǎn de

好 地方。
hǎo dìfang.

北京 是 中国 的 首都，是 该[4] 国 的 政治、文化 和 交通
Běijīng shì Zhōngguó de shǒudū, shì gāi guó de zhèngzhì、wénhuà hé jiāotōng

中心。 天安门广场 位于 北京 的 正 中心，周围 有
zhōngxīn. Tiān'ānmén-guǎngchǎng wèiyú Běijīng de zhèng zhōngxīn, zhōuwéi yǒu

人民大会堂、 国家博物馆 等 有名 的 建筑。外国 元首 访问
Rénmín-dàhuìtáng、Guójiā-bówùguǎn děng yǒumíng de jiànzhù. Wàiguó yuánshǒu fǎngwèn

中国 的 时候 往往 在 天安门广场 举行 欢迎 仪式，
Zhōngguó de shíhou wǎngwǎng zài Tiān'ānmén-guǎngchǎng jǔxíng huānyíng yíshì,

在 人民大会堂里 举行 首脑 会谈。
zài Rénmín-dàhuìtánglǐ jǔxíng shǒunǎo huìtán.

在 这座 现代化 的 大都市里 生活着 两千多万人， 其中
Zài zhè-zuò xiàndàihuà de dàdūshìlǐ shēnghuózhe liǎngqiānduōwàn-rén, qízhōng

包括 数百万 常住 外来 人口。对[5] 拥有[6] 北京 户口 的 市民 来说，
bāokuò shùbǎiwàn chángzhù wàilái rénkǒu. Duì yōngyǒu Běijīng hùkǒu de shìmín láishuō,

外来 人口 是 他们 生活 中 的 重要 伙伴儿[7]，因为 他们 承担[8]着
wàilái rénkǒu shì tāmen shēnghuó zhōng de zhòngyào huǒbànr, yīnwei tāmen chéngdānzhe

▲ 故宫博物院（紫禁城）

語注

1. 光　　　guāng　　　〜だけ
2. 列入　　lièrù　　　　〜の中に入る
3. 值得　　zhíde　　　〜する価値がある
4. 该　　　gāi　　　　　この
5. 对〜来说　duì〜láishuō　〜にとって
6. 拥有　　yōngyǒu　　（土地・人口・財産などを）持つ
7. 伙伴儿　huǒbànr　　仲間
8. 承担　　chéngdān　　引き受ける

保姆⁹、餐厅服务员、建筑工人等许多行业¹⁰的工作。
bǎomǔ、cāntīng fúwùyuán、jiànzhù gōngrén děng xǔduō hángyè de gōngzuò.

北京有北京大学、清华大学、人民大学等众多高等学府，有中国科学院、社会科学院等许多科研¹¹机构¹²。另外，在北京的文教区海淀区里，还有被誉为"中国的硅谷¹³"的中关村科技园区，那里聚集着以¹⁴联想¹⁵、百度¹⁶等为代表的两万多家高新技术企业。因此，说北京是一座人才宝库一点也不过分。
Běijīng yǒu Běijīng-dàxué、Qīnghuá-dàxué、Rénmín-dàxué děng zhòngduō gāoděng xuéfǔ, yǒu Zhōngguó-kēxuéyuàn、Shèhuì-kēxuéyuàn děng xǔduō kēyán jīgòu. Lìngwài, zài Běijīng de wénjiàoqū Hǎidiànqūli, háiyǒu bèi yùwéi "Zhōngguó de Guīgǔ" de Zhōngguāncūn kējìyuánqū, nàli jùjízhe yǐ Liánxiǎng、Bǎidù děng wéi dàibiǎo de liǎngwànduō-jiā gāoxīnjìshù qǐyè. Yīncǐ, shuō Běijīng shì yí-zuò réncái bǎokù yìdiǎn yě bú guòfèn.

在北京，不仅¹⁷可以品尝到宫廷菜、烤鸭、涮羊肉¹⁸等特色菜，还可以品尝到全国各地的名菜。要是¹⁹您是一位美食家，到了北京还应该去尝尝炒肝儿²⁰、烧卖²¹、茶汤²²等传统小吃。您可别²³小看²⁴这些价格便宜的
Zài Běijīng, bùjǐn kěyi pǐnchángdào gōngtíngcài、kǎoyā、shuànyángròu děng tèsè cài, hái kěyi pǐnchángdào quánguó gèdì de míngcài. Yàoshi nín shì yí-wèi měishíjiā, dàole Běijīng hái yīnggāi qù chángchang chǎogānr、shāomai、chátāng děng chuántǒng xiǎochī. Nín kě bié xiǎokàn zhèxiē jiàgé piányi de

▲ 天安門広場周辺の風景

9. 保姆 bǎomǔ 子どもの世話をするお手伝いさん。ベビーシッター	17. 不仅A，还B bùjǐn A, hái B Aだけでなく、さらにBでもある
10. 行业 hángyè 職種，業種	18. 涮羊肉 shuànyángròu 羊肉のシャブシャブ
11. 科研 kēyán 科学研究	19. 要是 yàoshi もし〜なら
12. 机构 jīgòu 機関	20. 炒肝儿 chǎogānr 豚の大腸に肝臓を少し加えて醤油で煮込んだ物
13. 硅谷 Guīgǔ シリコンバレー。サンフランシスコにある	21. 烧卖 shāomai シューマイ
14. 以A为B yǐ A wéi B AをBとする	22. 茶汤 chátāng 香煎湯。炒ったきび粉やコウリャン粉に熱湯をさして食べるもの
15. 联想 Liánxiǎng レノボ。世界的なパソコンメーカー	23. 别 bié 〜してはいけない
16. 百度 Bǎidù バイドウ。中国のネット検索サイト業社	24. 小看 xiǎokàn 軽蔑する，ばかにする

食品，您 只要²⁵ 吃了 第一次，一定 还 想 吃 第二次。
shípǐn, nín zhǐyào chīle dì-yī-cì, yídìng hái xiǎng chī dì-èr-cì.

北京 的 公共 交通 相当 方便，有 地铁、轻轨²⁶、公共汽车
Běijīng de gōnggòng jiāotōng xiāngdāng fāngbiàn, yǒu dìtiě、qīngguǐ、gōnggòngqìchē

等，费用 也 很 便宜。但是，由于²⁷ 拥有 私家车 的 人 越
děng, fèiyòng yě hěn piányi. Dànshi, yóuyú yōngyǒu sījiāchē de rén yuè

来 越²⁸ 多 了，交通 堵塞²⁹ 情况 比较 严重。汽车 尾气³⁰ 的 排放
lái yuè duō le, jiāotōng dǔsè qíngkuàng bǐjiào yánzhòng. Qìchē wěiqì de páifàng

以及 燃煤³¹ 污染 排放 严重 影响了 空气 质量，这 是 令³²
yǐjí ránméi wūrǎn páifàng yánzhòng yǐngxiǎngle kōngqì zhìliàng, zhè shì lìng

当局 困惑，令 市民 头疼 的 问题，亟待³³ 从 根本上 解决。
dāngjú kùnhuò, lìng shìmín tóuténg de wèntí, jídài cóng gēnběnshang jiějué.

北京 获得了 2022 年 第 24 届 冬奥会³⁴ 举办权，成为
Běijīng huòdéle èrlíng'èr'èr-nián dì-èrshísì-jiè Dōng-Àohuì jǔbànquán, chéngwéi

第一个 既³⁵ 举办过 夏奥会³⁶ 又 举办 冬奥会 的 城市。相信
dì-yī-ge jì jǔbànguo Xià-Àohuì yòu jǔbàn Dōng-Àohuì de chéngshì. Xiāngxìn

冬奥会 一定 会 成功 举办，北京 也 将 会 变得 更加
Dōng-Àohuì yídìng huì chénggōng jǔbàn, Běijīng yě jiāng huì biànde gèngjiā

有 魅力。
yǒu mèilì.

▲ 天坛公园

25. 只要～ zhǐyào～ ～さえすれば
26. 轻轨 qīngguǐ ライトレール
27. 由于～ yóuyú～ ～によって，～のために
28. 越来越～ yuè lái yuè～ だんだんと～，ますます～
29. 堵塞 dǔsè ふさぐ
30. 尾气 wěiqì 排気ガス
31. 燃煤 ránméi 石炭
32. 令 lìng ～させる
33. 亟待 jídài 速やかに～しなければならない
34. 冬奥会 Dōng-Àohuì 冬季オリンピック
35. 既 A 又 B jì A yòu B A であり，さらにその上 B でもある
36. 夏奥会 Xià-Àohuì 夏季オリンピック

第 二 课
上海

🔴 基礎知識

　上海市は中国最大の金融・経済都市であり、直轄市の一つです。2022年の戸籍人口は約1500万人、常住人口は約2500万人です。

　中国の戦国時代（前475～前221）、今の上海のあたりは「楚」という国の領土でした。楚の政治家であった「春申君」は、国勢の傾いた楚を立て直したため、のちに「戦国四君」と呼ばれ、そのため上海は「申城」とも呼ばれています。

　上海が大きく発展し、世界的に名を知られるようになったのは、1840年に起きた「アヘン戦争」以降です。1842年に締結された「南京条約」によって、上海は条約港として開港し、イギリス、フランス、アメリカなどの西洋諸国に加え、日本も上海に「租界」（治外法権地域）を開きました。そして今でも上海には租界時代の建物がたくさん残っています。

　このように19世紀に入ってから大きく発展して東洋一の大都市となり、「魔都」とも「東洋のパリ」とも呼ばれた上海ですが、「日中戦争」の時期は日本の占領下にありました。

　1949年に「中華人民共和国」が成立し、上海はそれ以降、商工業都市として発展しました。また、1978年からの「改革・開放政策」後は中国経済をリードし、1990年代以降は経済、金融、貿易、港運の中心都市として発展してきています。

　さらに1989年の第二次天安門事件以降、上海市指導部からは江沢民、朱鎔基、呉邦国、曾慶紅、黄菊など、多くの国家指導者を輩出しています。

　そして上海は、流行語で'一年一小変，三年一大変（一年ごとに小さな変貌、三年ごとに大きな変貌）'と言われるように、現在も年ごとに目まぐるしい変貌を遂げています。

🔴 本文

　上海简称"沪"，别名"申城"，在长江和钱塘江的入海口之间。早在上个世纪二三十年代时，上海已经发展成东亚最大的城市和金融中心，是许多人向往的"魔都"，是"东方巴黎"。

　1949年以后，上海在原有的工业基础上发展成中国最大的综合性工业城市。它是中国四大直辖市之一，也是世界十大港口之一，是中国的经济、金融、贸易和航运中心。

　改革开放后，深圳、珠海、汕头、厦门等经济特区异军突起，上海的经济中心地位一度受到挑战。1992年初，邓小平视察深圳、上海等地，之后发表了著名的"南巡讲话"，重新肯定了改革、开放路线，为上海的飞跃奠定了政治基础。

　在上海市内，有一条弯弯的河流叫黄浦江。人们把这条河的西侧叫浦西，把东侧叫浦东。在浦西的外滩，租界时代留下的众多西方建筑代表着这个城市昔日的繁华。位于浦西的南京路可以说是全中国最热闹的街道，一年四季都熙熙攘攘的。而浦东呢，过去在上海人眼里不过是乡下而已，是被遗忘的角落。曾经流传着这样一句话：宁要浦西一张床，不要浦东一间房。

　邓小平"南巡讲话"发表后，浦东新区获得了日新月异的发展。浦东机场建好了，地铁开通了，磁悬浮列车通车了，摩天大楼一座接一座地建起来了。如今，这里不仅是中国最有活力的地方，也是世界上最有生机的地方之一。

　上海的发展，带动着长江三角洲经济区的发展，也为中国乃至世界经济的发展做着重要贡献。

　上海是中国共产党的诞生地，是国家历史文化名城。名胜古迹有豫园、玉佛寺、静安寺、孙中山故居、鲁迅故居等等。2016年，上海迪士尼乐园开园，米奇大街、梦幻世界等六大主题园区吸引着来自世界各地的男女老少。

本文を中国語で発音し、精読していきましょう。

上海　简称　"沪[1]"，别名　"申城"，在　长江　和　钱塘江
Shànghǎi jiǎnchēng "Hù", biémíng "Shēnchéng", zài Chángjiāng hé Qiántángjiāng

的　入　海口　之间。早　在　上个　世纪　2、30 年代　时，上海
de rù hǎikǒu zhījiān. Zǎo zài shàngge shìjì èr、sānshí-niándài shí, Shànghǎi

已经　发展成　东亚[2]　最大　的　城市　和　金融　中心，是　许多
yǐjīng fāzhǎnchéng Dōngyà zuìdà de chéngshì hé jīnróng zhōngxīn, shì xǔduō

人　向往[3]　的 "魔都"，是 "东方　巴黎[4]"。
rén xiàngwǎng de "Módū", shì "dōngfāng Bālí".

1949 年　以后，上海　在　原有[5]　的　工业　基础上　发展成
Yījiǔsìjiǔ-nián yǐhòu, Shànghǎi zài yuányǒu de gōngyè jīchǔshang fāzhǎnchéng

中国　最大　的　综合性　工业　城市。它　是　中国　四大　直辖市
Zhōngguó zuì dà de zōnghéxìng gōngyè chéngshì. Tā shì Zhōngguó sìdà zhíxiáshì

之一，也　是　世界　十大　港口　之一，是　中国　的　经济、金融、
zhī yī, yě shì shìjiè shídà gǎngkǒu zhī yī, shì Zhōngguó de jīngjì、jīnróng、

贸易　和　航运[6]　中心。
màoyì hé hángyùn zhōngxīn.

改革　开放　后，深圳[7]、珠海[8]、汕头[9]、厦门[10]　等　经济　特区
Gǎigé kāifàng hòu, Shēnzhèn、Zhūhǎi、Shàntóu、Xiàmén děng jīngjì tèqū

异军突起[11]，上海　的　经济　中心　地位　一度　受到　挑战。
yìjūntūqǐ, Shànghǎi de jīngjì zhōngxīn dìwèi yídù shòudào tiǎozhàn.

1992 年初，邓小平[12]　视察　深圳、上海　等　地，之后
Yījiǔjiǔ'èr-niánchū, Dèng-Xiǎopíng shìchá Shēnzhèn、Shànghǎi děng dì, zhīhòu

发表了　著名　的 "南巡讲话"[13]，重新　肯定了　改革、开放　路线，
fābiǎole zhùmíng de "Nánxún-jiǎnghuà", chóngxīn kěndìngle gǎigé、kāifàng lùxiàn,

为　上海　的　飞跃[14]　奠定[15]了　政治　基础。
wèi Shànghǎi de fēiyuè diàndìngle zhèngzhì jīchǔ.

語注

1. 沪=滬　Hù　コ　上海の別称
2. 东亚　Dōngyà　東アジア
3. 向往　xiàngwǎng　憧れる
4. 巴黎　Bālí　パリ
5. 原有　yuányǒu　元からある
6. 航运　hángyùn　水上運輸事業の総称
7. 深圳　Shēnzhèn　シンセン（広東省）
8. 珠海　Zhūhǎi　シュカイ（広東省）
9. 汕头　Shàntóu　スワトウ（広東省）
10. 厦门　Xiàmén　アモイ（福建省）
11. 异军突起　yìjūntūqǐ　成語 これまでとは異なった勢力が突如現れること
12. 邓小平　Dèng-Xiǎopíng　鄧小平，トウショウヘイ（1904～1997）。1978年に経済の改革・開放をスタートさせた
13. 南巡讲话　Nánxún-jiǎnghuà　南巡講話。1992年に鄧小平が各地を視察した際に，その地の指導者に語ったことをまとめたもの。この時，「社会主義市場経済」と命名した
14. 飞跃　fēiyuè　飛躍
15. 奠定　diàndìng　固める，定める

在 上海 市内，有 一条 弯弯 的 河流 叫 黄浦江[16]。人们
Zài Shànghǎi shìnèi, yǒu yì-tiáo wānwān de héliú jiào Huángpǔjiāng. Rénmen
把 这条 河 的 西侧 叫 浦西，把 东侧 叫 浦东。在 浦西 的
bǎ zhè-tiáo hé de xīcè jiào Pǔxī, bǎ dōngcè jiào Pǔdōng. Zài Pǔxī de
外滩[17]，租界[18] 时代 留下 的 众多 西方 建筑 代表着 这个 城市
Wàitān, zūjiè shídài liúxià de zhòngduō xīfāng jiànzhù dàibiǎozhe zhège chéngshì
昔日 的 繁华。位于 浦西 的 南京路 可以 说 是 全 中国 最
xīrì de fánhuá. Wèiyú Pǔxī de Nánjīnglù kěyi shuō shì quán Zhōngguó zuì
热闹 的 街道，一年 四季 都 熙熙攘攘[19] 的。而 浦东 呢，过去
rènao de jiēdào, yìnián sìjì dōu xīxīrǎngrǎng de. Ér Pǔdōng ne, guòqù
在 上海人 眼里 不过[20] 是 乡下 而已，是 被 遗忘 的 角落[21]。
zài Shànghǎirén yǎnli búguò shì xiāngxià éryǐ, shì bèi yíwàng de jiǎoluò.
曾经 流传着 这样 一句 话：宁[22]要 浦西 一张 床，不
Céngjīng liúchuánzhe zhèyang yí-jù huà: Nìng yào Pǔxī yì-zhāng chuáng, bú
要 浦东 一间 房。
yào Pǔdōng yì-jiān fáng.

邓小平 "南巡讲话" 发表 后，浦东新区 获得了 日新月异[23]
Dèng-Xiǎopíng "Nánxún-jiǎnghuà" fābiǎo hòu, Pǔdōng-xīnqū huòdéle rìxīnyuèyì
的 发展。浦东机场 建好了，地铁 开通了，磁悬浮列车[24] 通车 了，
de fāzhǎn. Pǔdōng-jīchǎng jiànhǎole, dìtiě kāitōngle, cíxuánfúlièchē tōngchē le,

▲ 摩天楼が立ち並ぶ上海浦東新区

16. 黄浦江　Huángpǔjiāng　コウホコウ
17. 外滩　Wàitān　ワイタン，上海バンド
18. 租界　zūjiè　19世紀後半から中国の開港都市に設けられた，治外法権の外国の租借地区。上海には，イギリス租界，フランス租界，日本，ロシアなどの共同租界があった
19. 熙熙攘攘 xīxīrǎngrǎng 成語 人の往来が盛んでにぎやかなこと
20. 不过～而已　búguò~éryǐ　～にすぎない
21. 角落　jiǎoluò　隅，へんぴな所
22. 宁～　nìng~　～の方がましである
23. 日新月异　rìxīnyuèyì　成語 日新月歩
24. 磁悬浮列车　cíxuánfúlièchē　リニアモーターカー

摩天大楼 一座 接 一座 地 建起来了。如今，这里 不仅²⁵ 是 中国
mótiāndàlóu yí-zuò jiē yí-zuò de jiànqǐlaile. Rújīn, zhèli bùjǐn shì Zhōngguó
最 有 活力 的 地方，也 是 世界上 最 有 生机²⁶ 的 地方 之 一。
zuì yǒu huólì de dìfang, yě shì shìjièshang zuì yǒu shēngjī de dìfang zhī yī.

上海 的 发展，带动²⁷着 长江 三角洲 经济区 的 发展，
Shànghǎi de fāzhǎn, dàidòngzhe Chángjiāng sānjiǎozhōu jīngjìqū de fāzhǎn,
也 为 中国 乃至²⁸ 世界 经济 的 发展 做着 重要 贡献。
yě wèi Zhōngguó nǎizhì shìjiè jīngjì de fāzhǎn zuòzhe zhòngyào gòngxiàn.

上海 是 中国 共产党 的 诞生地，是 国家 历史 文化
Shànghǎi shì Zhōngguó gòngchǎndǎng de dànshēngdì, shì guójiā lìshǐ wénhuà
名城。名胜古迹 有 豫园²⁹、玉佛寺³⁰、静安寺³¹、孙中山³² 故居、
míngchéng. Míngshèng-gǔjì yǒu Yùyuán、Yùfósì、Jìng'ānsì、Sūn-Zhōngshān gùjū、
鲁迅³³ 故居 等等。2016年，上海 迪士尼乐园³⁴ 开园，米奇大街³⁵、
Lǔ-Xùn gùjū děngděng. Èrlíngyīliù-nián, Shànghǎi Díshìnílèyuán kāiyuán, Mǐqí-dàjiē、
梦幻世界³⁶ 等 六大 主题 园区 吸引着 来自 世界 各地 的
mènghuàn-shìjiè děng liùdà zhǔtí yuánqū xīyǐnzhe láizì shìjiè gèdì de
男女 老少。
nánnǚ lǎoshào.

▲ 租界時代の西洋風建築物

---

25. 不仅A，也B　bùjǐn A, yě B　Aだけではなく，Bでもある
26. 生机　shēngjī　生命力，活力
27. 带动　dàidòng　先導する，促進する
28. 乃至　nǎizhì　ひいては
29. 豫园　Yùyuán　豫園，ヨエン。明の16世紀後期の私庭園。面積約2万㎡。四川省の役人だった潘允端（ハンインタン）が父のために造営した
30. 玉佛寺　Yùfósì　清代の1882年に仏教僧の慧根（スイコン）によって創建された，上海最古の禅宗寺院
31. 静安寺　Jìng'ānsì　三国時代に創建された，上海最古の寺院。たびたび戦禍に遭い，現在は仏殿と山門が残る，威厳のある寺院
32. 孙中山　Sūn-Zhōngshān　ソンチュウザン（1866～1925）＝孫文（ソンブン）。1911年の辛亥革命を指導し，1912年に中華民国臨時大総統となる。また1919年に中国国民党を創設
33. 鲁迅　Lǔ-Xùn　ロジン。第十六課の「基礎知識」参照
34. 迪士尼乐园　Díshìnílèyuán　ディズニーランド
35. 米奇大街　Mǐqí-dàjiē　ミッキーアベニュー
36. 梦幻世界　mènghuàn-shìjiè　ファンタジーワールド

Zhōngguó 第 三 课 *zhī chuāng*

西安

🔵 基礎知識

西安市は内陸部に位置する陝西省の省都で、2022 年の戸籍人口は約 1000 万人、常住人口は約 1200 万人です。

現在の西安周辺には、前 11 世紀頃から 10 世紀まで 2000 余年の間に、西周、秦、漢、隋、唐などの 12 王朝が 1100 年にわたって都を置きました。これは中国史上、一地域に都が置かれた最も長い期間です。秦の後に漢が興ると「長安」と呼ばれるようになり、明代以降「西安」と呼ばれるようになりました。西安は 1100 年にわたって都が置かれていたため、ローマ、アテネ、カイロと共に「世界四大古都」と呼ばれており、また、都市そのものが歴史をそのまま残しているので、「天然歴史博物館」とも呼ばれています。このため西安とその周辺には、数えきれないほどの名所旧跡があります。新石器時代の「半坡遺跡」、「秦の始皇帝陵」と「兵馬俑」、前漢（西汉）（前 202～後 8）第四代皇帝の景帝の陵墓である「漢陽陵」、玄奘三蔵がインドからもたらした経典を保管するため 652 年に建立された「大雁塔」などはその代表的なものです。この他に、西安にはいろいろな特色のある食べ物があり、さらにまた漢民族の最も古い演劇の 1 つである'秦腔（シンコウ）'もあります。

また西安はシルクロードの起点でもあり、唐王朝の時代には、東西交易の中心として、人口 100 万人を超える世界最大の国際都市として繁栄しました。現在、中国が実施している'一帯一路'という政策構想もここから来ています。

現在の西安は、中国西部地方の教育、科学研究の中心地、金融センターであり、交通の要所でもあります。

🔵 本文

西安过去叫"长安"，它和意大利罗马、希腊雅典、埃及开罗并称为"世界四大文明古都"。它是中国历史上建都时间最长、建都朝代最多、影响力最大的都城，是许多朝代的政治、经济和文化中心。

1981 年，联合国教科文组织把西安确定为"世界历史名城"。1982 年，西安入选首批"国家历史文化名城"。

西安还是丝绸之路的起点。西汉时期，汉武帝两次派遣张骞出使西域，开辟了以西安为起点，连接欧亚大陆的交通动脉"丝绸之路"。从此，中国和中亚、西亚、欧洲的商业往来迅速增加，文化交流也日益频繁。丝绸之路在人类文明史上有重要意义。当今中国实施的"一带一路"也是从这里来的，指"丝绸之路经济带"和"21 世纪海上丝绸之路"。

西安现在是陕西省省会，是西部地区最大的教育、科研、国防科技工业基地，也是该地区的金融中心和交通枢纽。

西安的旅游资源在中国首屈一指。有新石器时代的半坡遗址、被称为"世界第八大奇迹"的秦始皇兵马俑、"东方维纳斯"出土之处汉阳陵，还有唐代高僧玄奘法师翻译经文的大雁塔、中国最大石质书库碑林博物馆、世界上保存最完整的西安古城墙、佛祖释迦牟尼佛指舍利存放之处法门寺等等。

人们在赞美桂林风光的时候常说：桂林山水甲天下。那么，说起西安数不尽的珍贵文物的时候，说"西安文物甲天下"恐怕不会有人反对吧！

就像北京人爱看京剧，上海浙江一带人爱看越剧一样，西安人爱看秦腔。秦腔是扎根西北地区的奇花异草，是汉族最古老的戏剧之一，如今保留着七百多个剧目，于 2006 年被列入首批国家级非物质文化遗产名录。

西安有饺子宴、牛羊肉泡馍、肉夹馍、凉皮等等特色食品。要是到了著名的回民街，可以品尝到各种各样的特色小吃。不过要注意尊重回民的风俗习惯和宗教信仰。

本文を中国語で発音し、精読していきましょう。

西安 过去 叫 "长安"，它 和 意大利[1] 罗马[2]、希腊[3] 雅典[4]、埃及[5]
Xī'ān guòqù jiào "Cháng'ān", tā hé Yìdàlì Luómǎ、Xīlà Yǎdiǎn、Āijí

开罗[6] 并 称为 "世界 四大 文明 古都"。它 是 中国 历史上 建都[7]
Kāiluó bìng chēngwéi "shìjiè sìdà wénmíng gǔdū". Tā shì Zhōngguó lìshǐshang jiàndū

时间 最 长、建都 朝代[8] 最 多、影响力 最 大 的 都城[9]，是
shíjiān zuì cháng、jiàndū cháodài zuì duō、yǐngxiǎnglì zuì dà de dūchéng, shì

许多 朝代 的 政治、经济 和 文化 中心。
xǔduō cháodài de zhèngzhì、jīngjì hé wénhuà zhōngxīn.

1981 年，联合国 教科文组织[10] 把 西安 确定为 "世界 历史
Yījiǔbāyī-nián, Liánhéguó jiàokēwén-zǔzhī bǎ Xī'ān quèdìngwéi "shìjiè lìshǐ

名城"。1982 年，西安 入选 首批 "国家 历史 文化 名城"。
míngchéng". Yījiǔbā'èr-nián, Xī'ān rùxuǎn shǒupī "guójiā lìshǐ wénhuà míngchéng".

西安 还是 丝绸之路[11] 的 起点。西汉[12] 时期，汉武帝[13] 两次 派遣
Xī'ān háishi sīchóuzhīlù de qǐdiǎn. Xīhàn shíqī, Hàn-Wǔdì liǎng-cì pàiqiǎn

张骞[14] 出使[15] 西域，开辟[16]了 以[17] 西安 为 起点，连接 欧亚大陆 的
Zhāng-Qiān chūshǐ Xīyù, kāipìle yǐ Xī'ān wéi qǐdiǎn, liánjiē Ōu-Yà-dàlù de

交通 动脉 "丝绸之路"。从此，中国 和 中亚、西亚、欧洲 的
jiāotōng dòngmài "sīchóuzhīlù". Cóngcǐ, Zhōngguó hé Zhōng-Yà、Xī-Yà、Ōuzhōu de

商业 往来 迅速 增加，文化 交流 也 日益 频繁。丝绸之路
shāngyè wǎnglái xùnsù zēngjiā, wénhuà jiāoliú yě rìyì pínfán. Sīchóuzhīlù

◀ 大雁塔

语注

1. 意大利 Yìdàlì イタリア
2. 罗马 Luómǎ ローマ
3. 希腊 Xīlà ギリシア
4. 雅典 Yǎdiǎn アテネ
5. 埃及 Āijí エジプト
6. 开罗 Kāiluó カイロ
7. 建都 jiàndū 都を定める
8. 朝代 cháodài 王朝
9. 都城 dūchéng 首都
10. 联合国教科文组织 Liánhéguó jiàokēwén-zǔzhī 国連教育科学文化機関（ユネスコ）
11. 丝绸之路 sīchóuzhīlù シルクロード
12. 西汉 Xīhàn 前漢のこと。紀元前202年から紀元後8年まで。劉邦が漢王と称されてから，王莽（オウモウ）による新の建国までをいう
13. 汉武帝 Hàn-Wǔdì 漢の武帝。前漢第7代皇帝，高祖劉邦の曾孫
14. 张骞 Zhāng-Qiān 張騫，チョウケン（？～前114）
15. 出使 chūshǐ 使節として外国に行く
16. 开辟 kāipì 切り開く
17. 以 A 为 B yǐ A wéi B A を B とする

在　人类　文明史上　有　重要　意义。当今　中国　实施　的　"一带
zài　rénlèi　wénmíngshǐshang　yǒu　zhòngyào　yìyì. Dāngjīn Zhōngguó shíshī de "yídài

一路"　也　是　从　这里　来　的，指　"丝绸之路　经济带"　和　"21世纪
yílù"　yě　shì　cóng　zhèli　lái　de,　zhǐ "sīchóuzhīlù　jīngjì-dài" hé "èrshiyī-shìjì

海上　丝绸之路"。
hǎishàng　sīchóuzhīlù".

　　西安　现在　是　陕西省　省会^18，是　西部　地区　最　大　的　教育、
　　Xī'ān　xiànzài　shì Shǎnxī-shěng shěnghuì, shì xībù dìqū zuì dà de jiàoyù、

科研^19、国防　科技^20　工业　基地，也　是　该^21　地区　的　金融　中心　和
kēyán、guófáng kējì　gōngyè jīdì, yě shì gāi dìqū de jīnróng zhōngxīn hé

交通　枢纽^22。
jiāotōng shūniǔ.

　　西安　的　旅游　资源　在　中国　首屈一指^23。有　新石器时代　的
　　Xī'ān　de lǚyóu zīyuán zài Zhōngguó shǒuqūyīzhǐ. Yǒu xīnshíqì-shídài de

半坡遗址^24、被　称为　"世界　第八大　奇迹"　的　秦始皇^25　兵马俑、
Bànpō-yízhǐ、bèi chēngwéi "shìjiè dì-bādà qíjì" de Qín-Shǐhuáng bīngmǎyǒng、

"东方　维纳斯^26"　出土　之　处　汉阳陵，还有　唐代　高僧
"dōngfāng Wéinàsī" chūtǔ zhī chù Hàn-Yánglíng, háiyǒu Táng-dài gāosēng

玄奘^27　法师　翻译　经文　的　大雁塔、中国　最大　石质
Xuánzàng fǎshī fānyì jīngwén de Dàyàntǎ、Zhōngguó zuìdà shízhì

书库　碑林博物馆^28、世界上　保存　最　完整　的　西安　古城墙、
shūkù Bēilín-bówùguǎn、shìjièshang bǎocún zuì wánzhěng de Xī'ān gǔchéngqiáng、

佛祖　释迦牟尼^29　佛指　舍利　存放　之　处　法门寺　等等。
fózǔ Shìjiāmóuní fózhǐ shèlì cúnfàng zhī chù Fǎménsì děngděng.

　　人们　在　赞美　桂林^30　风光　的　时候　常　说：桂林
　　Rénmen zài zànměi Guìlín fēngguāng de shíhou cháng shuō: Guìlín

山水　甲^31　天下。那么，说起　西安　数不尽　的　珍贵　文物　的　时候，
shānshuǐ jiǎ tiānxià. Nàme, shuōqǐ Xī'ān shǔbujìn de zhēnguì wénwù de shíhou,

---

18. 省会　shěnghuì　省都
19. 科研　kēyán　科学研究
20. 科技　kējì　科学技術
21. 该　gāi　この
22. 枢纽　shūniǔ　枢軸，中心
23. 首屈一指　shǒuqūyīzhǐ　[成語]まず最初に親指を曲げて数える→第1番ということ
24. 半坡遗址　Bànpō-yízhǐ　新石器時代の仰韶（ギョウショウ）文化（前4000～前2500）に属する村落遺跡で，1953年に発見された
25. 秦始皇　Qín-Shǐhuáng　秦の始皇帝。第十一課基礎知識参照

26. 维纳斯　Wéinàsī　ヴィーナス
27. 玄奘　Xuánzàng　ゲンジョウ（602～664）。法相宗の開祖。629年に長安を出発してインドに入り，645年に帰国，多数の仏典を翻訳
28. 碑林博物馆　Bēilín-bówùguǎn　漢代から隋，唐，宋に至る歴代の名筆を刻んだ1095基の石碑の宝庫
29. 释迦牟尼　Shìjiāmóuní　シャカムニ。仏教の開祖
30. 桂林　Guìlín　ケイリン。広西チワン族自治区にある風光明媚な都市
31. 甲　jiǎ　第一である

说 "西安 文物 甲 天下" 恐怕[32] 不 会 有 人 反对 吧！
shuō "Xī'ān wénwù jiǎ tiānxià" kǒngpà bú huì yǒu rén fǎnduì ba!

就 像 北京人 爱 看 京剧[33]，上海 浙江 一带 人 爱 看
Jiù xiàng Běijīngrén ài kàn Jīngjù, Shànghǎi Zhèjiāng yídài rén ài kàn
越剧[34] 一样，西安人 爱 看 秦腔[35]。秦腔 是 扎根[36] 西北 地区
Yuèjù yíyàng, Xī'ānrén ài kàn Qínqiāng, Qínqiāng shì zhāgēn xīběi dìqū
的 奇花异草[37]，是 汉族 最 古老 的 戏剧 之 一，如今 保留着
de qíhuā-yìcǎo, shì Hànzú zuì gǔlǎo de xìjù zhī yī, rújīn bǎoliúzhe
七百多个 剧目[38]，于 2006 年 被 列入 首批 国家 级 非 物质
qībǎiduō-ge jùmù, yú èrlínglíngliù-nián bèi lièrù shǒupī guójiā jí fēi wùzhì
文化 遗产 名录。
wénhuà yíchǎn mínglù.

西安 有 饺子宴[39]、牛羊肉泡馍[40]、肉夹馍[41]、凉皮[42] 等等 特色 食品。
Xī'ān yǒu jiǎozi-yàn、niúyángròupàomó、ròujiāmó、liángpí děngděng tèsè shípǐn.
要是[43] 到了 著名 的 回民街，可以 品尝到 各种各样 的 特色
Yàoshi dàole zhùmíng de Huímínjiē, kěyǐ pǐnchángdào gèzhǒng-gèyàng de tèsè
小吃。不过 要 注意 尊重 回民 的 风俗 习惯 和 宗教 信仰。
xiǎochī. Búguò yào zhùyì zūnzhòng Huímín de fēngsú xíguàn hé zōngjiào xìnyǎng.

▲ 西安市中心地にある鐘楼

32. 恐怕　kǒngpà　恐らく～だろう
33. 京剧　Jīngjù　京劇。清代，北京で発展した古典劇
34. 越剧　Yuèjù　越劇。浙江省における主要な地方劇の１つ
35. 秦腔　Qínqiāng　シンコウ
36. 扎根　zhāgēn　根を張る，根をおろす
37. 奇花异草　qíhuā-yìcǎo　珍しい草花。すばらしく，希少なものの例え
38. 剧目　jùmù　演目
39. 饺子宴　jiǎozi-yàn　西安で誕生したギョーザ料理。「百花宴」，「牡丹宴」など５つのランクがある。それぞれ108種類の異なるギョーザが出される
40. 牛羊肉泡馍　niúyángròu pàomó　"馍"はナンのようなもの。それを客が自分でお椀の中に細かくちぎって入れ，その上に牛肉か羊肉の入ったスープをかけて食べる
41. 肉夹馍　ròujiāmó　"馍（ナンのようなもの）"に，肉や野菜をはさんで食べる，西安風ハンバーガー
42. 凉皮　liángpí　米粉か小麦粉を蒸して作った麺に，酢，醤油，唐辛子の味噌をかけて食べる
43. 要是　yàoshi　もし～なら

第四课

广州

● 基礎知識

　　広州市は広東省の省都で、華南地方最大の政治、商工業、文化の中心都市です。2022年の戸籍人口は約860万人ですが、地方からの出稼ぎ労働者が多く、実際には1880万人以上が常住する大都市です。

　　もともとこの地域は、中原の漢族とは異なる文化圏で、言語的にも日常的には広東語、客家語、潮州語などが話されています。

　　広州が貿易港として急速に発展するのは唐代から次の宋代にかけてのことです。そして「海のシルクロード」の起点の国際都市として発展し、鎖国政策を取っていた清朝の時代には、広州だけが唯一海外に開かれた対外貿易港でした。

　　近代においては、「アヘン戦争」や「辛亥革命」、「国共合作」の際、この都市は重要な歴史の舞台となり、現在でもそれにまつわる史跡が多く残っています。

　　また現代において広州は、1978年以来進められている「改革・開放政策」の恩恵を受けて、急速に発展しました。1957年より毎年春と秋に広州で開催されている中国最大規模の輸出入商品商談会である「広州交易会（広交会）」は、世界中の経済人から注目されています。そして2010年に広州は、国務院（日本の内閣にあたる、行政権を担当する最高機関）によって、「国家5大中心都市（北京、天津、上海、重慶、広州）」の一つに指定されました。

　　また広州は名所旧跡がとても多く、「南越王墓」、「鎮海楼」、「陳家祠」、「三元宮」などが有名です。グルメ都市でもあり、古くから「食は広州にあり」と言われています。

● 本文

　　广州简称"穗"，还有"羊城"、"穗城"、"仙城"、"花城"等几个别称。另外，自汉代开始，它就是国际贸易的商业都市，因而有"千年商都"的称号。如果您对这些有趣的名称感兴趣，不妨去图书馆查查来头儿。

　　广州是广东省的省会，离香港和澳门比较近，是过去海上丝绸之路的起点之一，被称为中国的"南大门"。它是华南地区第一大城市，经济总量排在全国大城市前列，第三产业发达，还是重要的交通枢纽。

　　广州人的方言主要有广东话、客家话和潮州话。过去不少广东人说不好普通话，外地人就挖苦他们说：天不怕，地不怕，就怕老广讲官话。如今，随着普通话的推广和电视的普及，他们的普通话越来越好了。广东话里的一些词汇，如"靓女"、"买单"等近年来进入了普通话。

　　广州地处亚热带，物产丰富。地里长的，山上跑的，水里游的，都会成为当地人的美味佳肴。正因为如此，很早就有"食在广州，衣在苏州"的说法。广州人爱喝茶，尤其爱喝早茶，"饮茶"已经成了他们重要的社交方式和生活习惯。

　　说起中国的近现代史离不开广州。鸦片战争也好，辛亥革命也好，国共合作也好，这个城市都是舞台和"见证人"。销毁鸦片的林则徐，民主革命之父孙中山，中华人民共和国缔造者毛泽东，伟大的文学家鲁迅等人都在这里留下了足迹。

　　广州名胜古迹很多，南越王墓、镇海楼、陈家祠、三元宫等都是值得一看的地方。由于广州融汇了中外文化的精华，逐渐形成了颇有特色的岭南文化，比如岭南画派、岭南建筑、岭南盆景、粤剧、粤菜等等。

　　自1957年以来，每年春秋两季在广州举行中国进出口商品交易会，人们通常称其为"广交会"。广交会是中国规模最大、时间最长、成交量最多的国际展会，所以被公认为"中国第一展"。

本文を中国語で発音し、精読していきましょう。

広州　　　简称　　"穗"，　　还有　"羊城"、　"穗城"、　"仙城"、
Guǎngzhōu　jiǎnchēng　"Suì"，　háiyǒu　"Yángchéng"、"Suìchéng"、"Xiānchéng"、
"花城"　　　等　几个　别称。另外，自　汉代　开始，它　就　是　国际
"Huāchéng"　děng　jǐge　biéchēng. Lìngwài, zì Hàn-dài kāishǐ, tā jiù shì guójì
贸易　的　商业　都市，因而[1]有　"千年　商都"　的　称号。如果　您
màoyì de shāngyè dūshì, yīn'ér yǒu "qiānnián shāngdū" de chēnghào. Rúguǒ nín
对　这些　有趣　的　名称　感　兴趣，不妨　去　图书馆　查查　来头儿[2]。
duì zhèxiē yǒuqù de míngchēng gǎn xìngqu, bùfáng qù túshūguǎn chácha láitour.

广州　　　是　广东省　　的　省会[3]，离　香港　和　澳门[4]比较
Guǎngzhōu　shì Guǎngdōng-shěng de shěnghuì, lí Xiānggǎng hé Àomén bǐjiào
近，是　过去　海上　丝绸之路　的　起点　之一，被　称为　中国
jìn, shì guòqù hǎishàng sīchóuzhīlù de qǐdiǎn zhī yī, bèi chēngwéi Zhōngguó
的　"南大门"。它　是　华南　地区　第一　大城市，经济　总量　排在
de "nándàmén". Tā shì Huánán dìqū dì-yī dàchéngshì, jīngjì zǒngliàng páizài
全国　大城市　前列，第三　产业　发达，还是　重要　的　交通　枢纽[5]。
quánguó dàchéngshì qiánliè, dìsān chǎnyè fādá, háishi zhòngyào de jiāotōng shūniǔ.

广州人　　　的　方言　主要　有　广东话、客家话[6]和　潮州话[7]。
Guǎngzhōurén de fāngyán zhǔyào yǒu Guǎngdōnghuà、Kèjiāhuà hé Cháozhōuhuà.
过去　不少　广东人　　说不好　普通话，外地人　就　挖苦[8]他们
Guòqù bùshǎo Guǎngdōngrén shuōbuhǎo pǔtōnghuà, wàidìrén jiù wāku tāmen
说：天　不　怕，地　不　怕，就　怕　老广　讲　官话。如今，随着
shuō: Tiān bú pà, dì bú pà, jiù pà lǎo-Guǎng jiǎng guānhuà. Rújīn, suízhe

◀ 中山記念堂

語注

1. 因而　yīn'ér　従って
2. 来头儿　láitour　いわれ，由来
3. 省会　shěnghuì　省都
4. 澳门　Àomén　マカオ
5. 枢纽　shūniǔ　枢軸，中心
6. 客家话　Kèjiāhuà　ハッカ語，客家の言葉（第十二課参照）
7. 潮州话　Cháozhōuhuà　潮州（現在の広東省東部にある潮安県のあたり）の方言
8. 挖苦　wāku　辛辣な皮肉を言う，冷やかす

普通话 的 推广 和 电视 的 普及，他们 的 普通话 越 来 越
pǔtōnghuà de tuīguǎng hé diànshì de pǔjí, tāmen de pǔtōnghuà yuè lái yuè
好 了。广东话里 的 一些 词汇，如 "靓女[9]"、"买单[10]" 等 近年
hǎo le. Guǎngdōnghuàli de yìxiē cíhuì, rú "liàngnǚ"、"mǎidān" děng jìnnián
来 进入了 普通话。
lái jìnrùle pǔtōnghuà.

广州 地处 亚热带，物产 丰富。地里 长的，山上 跑的，
Guǎngzhōu dìchǔ yàrèdài, wùchǎn fēngfù. Dìli zhǎngde, shānshang pǎode,
水里 游的，都 会 成为 当地人 的 美味 佳肴[11]。正 因为
shuǐli yóude, dōu huì chéngwéi dāngdìrén de měiwèi jiāyáo. Zhèng yīnwei
如此，很 早 就 有 "食 在 广州，衣 在 苏州[12]" 的 说法。
rúcǐ, hěn zǎo jiù yǒu "shí zài Guǎngzhōu, yī zài Sūzhōu" de shuōfǎ.
广州人 爱 喝 茶，尤其[13] 爱 喝 早茶[14]，"饮茶[15]" 已经 成了 他们
Guǎngzhōurén ài hē chá, yóuqí ài hē zǎochá, "yǐnchá" yǐjīng chéngle tāmen
重要 的 社交 方式 和 生活 习惯。
zhòngyào de shèjiāo fāngshì hé shēnghuó xíguàn.

说起 中国 的 近现代史 离不开 广州。鸦片战争[16]
Shuōqǐ Zhōngguó de jìn-xiàndàishǐ líbukāi Guǎngzhōu. Yāpiàn-zhànzhēng
也 好，辛亥革命[17] 也 好，国共合作[18] 也 好，这个 城市 都 是
yě hǎo, Xīnhài-gémìng yě hǎo, Guó-Gòng-hézuò yě hǎo, zhège chéngshì dōu shì
舞台 和 "见证人"。销毁[19] 鸦片 的 林则徐[20]，民主 革命 之 父
wǔtái hé "jiànzhèngrén". Xiāohuǐ yāpiàn de Lín-Zéxǔ, mínzhǔ gémìng zhī fù
孙中山[21]，中华人民共和国 缔造[22]者 毛泽东[23]，伟大 的 文学家
Sūn-Zhōngshān, Zhōnghuárénmíngònghéguó dìzàozhě Máo-Zédōng, wěidà de wénxuéjiā

9. 靓女 liàngnǚ きれいな女性。'帅哥 shuàigē' （イケメン）に対する語
10. 买单 mǎidān （食事の時などの）お勘定
11. 佳肴 jiāyáo 上等な料理
12. 苏州 Sūzhōu 蘇州、ソシュウ。江蘇省南部の都市で，絹織物などの伝統工業が盛んな地
13. 尤其 yóuqí 特に，とりわけ
14. 早茶 zǎochá 朝のお茶
15. 饮茶 yǐnchá 広東語では「ヤムチャ」。広東や香港などでお茶を飲みながら'点心 diǎnxīn'を食べること
16. 鸦片战争 Yāpiàn-zhànzhēng アヘン戦争。広州が舞台となったのは第一次アヘン戦争（1840～42）
17. 辛亥革命 Xīnhài-gémìng 1911年（辛亥の歳）の10月10日に勃発し，翌年清朝が滅亡し中華民国が成立した
18. 国共合作 Guó-Gòng-hézuò 中国国民党と中国共産党の協力体制のこと。（1回目は1924年1月から27年7月まで，2回目は1937年9月から46年7月まで）
19. 销毁 xiāohuǐ 焼き捨てる，廃棄する
20. 林则徐 Lín-Zéxǔ リンソクジョ（1785～1850）。清末の官僚
21. 孙中山 Sūn-Zhōngshān ソンチュウザン＝孫文。第二課，P.9の語注32参照
22. 缔造 dìzào （偉大な事業を）創建する
23. 毛泽东 Máo-Zédōng 毛沢東，モウタクトウ（1893～1976）。中国共産党および中華人民共和国の最高指導者。第五課基礎知識参照

鲁迅[24]等人都在这里留下了足迹。
Lǔ-Xùn děng rén dōu zài zhèli liúxiàle zújì.

广州名胜古迹很多，南越王墓[25]、镇海楼[26]、陈家祠[27]、三元宫[28]等都是值得[29]一看的地方。由于[30]广州融汇了中外文化的精华，逐渐形成了颇有特色的岭南[31]文化，比如岭南画派、岭南建筑、岭南盆景、粤剧[32]、粤菜[33]等等。

自1957年以来，每年春秋两季在广州举行中国进出口[34]商品交易会，人们通常称其为"广交会"。广交会是中国规模最大、时间最长、成交量最多的国际展会，所以被公认为"中国第一展"。

▲ 広州の象徴である五匹の羊の彫塑

24. 鲁迅　Lǔ-Xùn　ロジン。第十六課参照
25. 南越王墓　NánYuèwáng-mù　前漢（西汉）時代に華南地域を支配した南越国の第二代国王の墓。1983年に発見された
26. 镇海楼　Zhènhǎilóu　明の建国者である洪武帝の代に築かれた5階建ての古代建築
27. 陈家祠　Chénjiācí　19世紀末に陳姓を持つ家族が共同出資して建設した書院と祠。広大な敷地に，伝統的な南方様式を伝える大小19棟の建物が立ち並ぶ
28. 三元宫　Sānyuángōng　孫悟空が生まれたとして知られる花果山，'三元宫' はその花果山三元宫殿建築群の中にある宮殿の1つ。唐代に建設が始まり，現在の山門は明代の遺物で，正門の右側の松は宋代のもの
29. 值得～　zhíde～　～する価値がる
30. 由于～　yóuyú～　～によって
31. 岭南　Lǐngnán　嶺南。現在の，広東省，広西チワン族自治区，海南省，湖南省，江西省の一部のあたり一帯
32. 粤剧　Yuèjù　広東地方のおける主要な地方劇の1つ（'粤' は広東省の別称）
33. 粤菜　Yuècài　広東料理
34. 进出口　jìn-chūkǒu　輸入と輸出

社会・世态篇

第五课　**让一部分人先富起来**
　　　　　Ràng yíbùfen rén xiān fùqǐlai

第六课　**骄傲的 GDP 的背后**
　　　　　Jiāo'ào de GDP de bèihòu

第七课　**互联网在改变中国**
　　　　　Hùliánwǎng zài gǎibiàn Zhōngguó

第八课　**房奴、车奴和卡奴**
　　　　　Fángnú、chēnú hé kǎnú

第五课
让一部分人先富起来

● 基礎知識

　　1949年10月1日、毛沢東（1893～1976）は天安門の城楼で'同胞們，中華人民共和国中央人民政府，今天成立了！'と全世界に宣言しました。

　　毛沢東時代は旧ソ連を手本とした「社会主義計画経済」が実施されました。農村部では地主から土地を取り上げて、「人民公社」という集団組織が作られ、また都市部では、自営業、民営企業や外資系企業の存在は許されず、すべての企業は国有企業（「全民所有制企業」と「集団所有制企業」）となりました。そして労働者は、一度就職したら職を失う心配がなく、'铁饭碗（鉄の茶碗＝親方日の丸）'と呼ばれていました。

　　確かに「鉄の茶碗」を抱えていれば失業の心配がなく、一面では良い制度と言えるかもしれません。しかし実際には弊害も大きかったのです。つまりこの制度では、朝から晩まで一生懸命働いても、無断欠勤や遅刻、早退を繰り返しても、1ヵ月の給料は同じなのです。このような「平等」な制度が何十年も実施されると国民経済がどうなるのかは容易に想像できます。案の定、一生懸命働く人はだんだんと勤労意欲を失い、経済は疲弊していきました。

　　そこで、毛沢東の死後に三度目の失脚から復活した鄧小平（1904～1997）は、1978年に「改革・開放路線」を中国全土に敷き、80年代以降は「先富論（一部の人と一部の地域から先に豊かになる）」を唱えました。それから40年以上が過ぎ、実際にどのような人々が豊かになったのでしょうか。急速な経済成長を続ける中、国民の貧富の差はますます増大し、また新たな社会問題が生まれてきています。

● 本文

　　毛泽东时代的计划经济政策，使全国老百姓越来越贫穷。文革结束后，邓小平提出了"先富论"，允许一部分人和一部分地区先富起来，逐步达到共同富裕。

　　三十多年过去了，哪些人富起来了呢？

　　阿里巴巴集团董事局主席马云富起来了。阿里巴巴是全球企业间电子商务最大企业，集团旗下的淘宝网是亚洲最大个人交易网站。马云还担任软银集团董事等职务；

　　百度总裁李彦宏富起来了。他创办的百度是中国最主要的搜索引擎提供商，在谷歌出局的中国搜索引擎市场，占着70%左右的份额，是纳斯达克的上市公司；

　　希望集团的刘永行兄弟富起来了。80年代初他们辞职到农村养鸡、养鹌鹑，后来创办了希望集团。如今该集团涉足食品、金融、高科技等许多行业，是中国著名的民营企业之一。刘氏兄弟是《福布斯》中国大陆富豪榜上的常客。

　　对于他们的"先富"，人们羡慕、尊敬，因为他们靠的是勤劳、智慧和技术。

　　周永康、徐才厚、令计划等高级干部富起来了，他们利用手中的职权，大量侵吞国家的资产，收取巨额贿赂，生活腐化。这些"大老虎"们，如果不是在反腐斗争中被惩治，他们还在各种场合高喊"为人民服务"呢！

　　原浙江省建设厅副厅长杨秀珠富起来了。她携两亿多元公款，带着家人出逃到美国，在纽约最繁华的地段购买了至少五处房产，过着奢侈的生活。由于中美之间还没有签订引渡协议，这使美国成为中国外逃贪官的天堂，像杨秀珠这样的贪官多不胜数。

　　对于这些人的"先富"，人们会怎么想呢？

　　而在甘肃、宁夏、贵州等内陆地区，还有数千万贫困人口。他们的生活水平很低，医疗条件很差，孩子们接受不了良好的教育。

　　不杜绝腐败，缩小贫富差距，恐怕"和谐社会"将永远是空中楼阁，"中国梦"也将是一场虚幻的美梦。

本文を中国語で発音し、精読していきましょう。

毛泽东 时代 的 计划 经济 政策， 使 全国 老百姓[1]
Máo-Zédōng shídài de jìhuà jīngjì zhèngcè, shǐ quánguó lǎobǎixìng
越 来 越[2] 贫穷。 文革[3] 结束 后， 邓小平 提出了 "先富论"，
yuè lái yuè pínqióng. Wéngé jiéshù hòu, Dèng-Xiǎopíng tíchūle "xiānfùlùn",
允许[4] 一部分 人 和 一部分 地区 先 富起来， 逐步[5] 达到 共同 富裕。
yǔnxǔ yíbùfen rén hé yíbùfen dìqū xiān fùqǐlai, zhúbù dádào gòngtóng fùyù.
三十多年 过去了， 哪些 人 富起来 了 呢？
Sānshíduō-nián guòqùle, nǎxiē rén fùqǐlai le ne?
阿里巴巴集团[6,7] 董事局 主席[8] 马云[9] 富起来 了。 阿里巴巴 是 全球
Ālǐbābā-jítuán dǒngshìjú zhǔxí Mǎ-Yún fùqǐlai le. Ālǐbābā shì quánqiú
企业 间 电子商务[10] 最 大 企业， 集团 旗下 的 淘宝网[11] 是 亚洲
qǐyè jiān diànzǐ-shāngwù zuì dà qǐyè, jítuán qíxià de Táobǎowǎng shì Yàzhōu
最 大 个人 交易[12] 网站[13]。 马云 还 担任 软银集团[14] 董事[15] 等 职务；
zuì dà gèrén jiāoyì wǎngzhàn. Mǎ-Yún hái dānrèn Ruǎnyín-jítuán dǒngshì děng zhíwù;
百度[16] 总裁[17] 李彦宏[18] 富起来 了。 他 创办 的 百度 是 中国
Bǎidù zǒngcái Lǐ-Yànhóng fùqǐlai le. Tā chuàngbàn de Bǎidù shì Zhōngguó
最 主要 的 搜索 引擎 提供商[19]， 在 谷歌[20] 出局[21] 的 中国 搜索
zuì zhǔyào de sōusuǒ yǐnqíng tígòngshāng, zài Gǔgē chūjú de Zhōngguó sōusuǒ
引擎 市场， 占着 70% 左右 的 份额[22]， 是 纳斯达克[23] 的
yǐnqíng shìchǎng, zhànzhe bǎifēn-zhī-qīshí zuǒyòu de fèn'é, shì Nàsīdákè de
上市[24] 公司；
shàngshì gōngsī;

語注

1. 老百姓 lǎobǎixìng 庶民，民衆
2. 越来越～ yuè lái yuè~ だんだんと～ますます～
3. 文革 Wéngé 文化大革命（1966年から1976年まで続いた中国の大規模な政治運動）
4. 允许 yǔnxǔ 許可する
5. 逐步 zhúbù 一歩一歩，次第に
6. 阿里巴巴集团 Ālǐbābā-jítuán アリババグループ
7. 集团 jítuán グループ
8. 董事局主席 dǒngshìjú zhǔxí 会長
9. 马云 Mǎ-Yún 馬雲，ジャック・マー
10. 电子商务 diànzǐ-shāngwù 電子商取引
11. 淘宝网 Táobǎowǎng タオバオ。中国のショッピングウェブサイト
12. 交易 jiāoyì 取引きする
13. 网站 wǎngzhàn （インターネットの）サイト
14. 软银集团 Ruǎnyín-jítuán ソフトバンクグループ
15. 董事 dǒngshì 取締役
16. 百度 Bǎidù バイドゥ。中国のネット検索サイト業者
17. 总裁 zǒngcái "董事长"の俗称
18. 李彦宏 Lǐ-Yànhóng ロビン・リー
19. 搜索引擎提供商 sōusuǒ yǐnqíng tígòngshāng 検索エンジン提供業者
20. 谷歌 Gǔgē Google（グーグル）
21. 出局 chūjú 撤退する
22. 份额 fèn'é 配分額，シェア
23. 纳斯达克 Nàsīdákè ナスダック
24. 上市 shàngshì 株式市場に上場する

希望集团 的 刘永行 兄弟 富起来 了。80 年代 初 他们
Xīwàng-jítuán de Liú-Yǒngxíng xiōngdì fùqǐlai le. Bāshí-niándài chū tāmen
辞职 到 农村 养 鸡、养 鹌鹑25，后来 创办了 希望集团。如今
cízhí dào nóngcūn yǎng jī、yǎng ānchún, hòulái chuàngbànle Xīwàng-jítuán. Rújīn
该26 集团 涉足27 食品、金融、高科技 等 许多 行业28，是 中国
gāi jítuán shèzú shípǐn、jīnróng、gāokējì děng xǔduō hángyè, shì Zhōngguó
著名 的 民营 企业 之 一。刘氏 兄弟 是《福布斯29》中国
zhùmíng de mínyíng qǐyè zhī yī. Liú-shì xiōngdì shì 《Fúbùsī》 Zhōngguó
大陆 富豪榜30 上 的 常客。
dàlù fùháobǎngshang de chángkè.

对于 他们 的 "先富"，人们 羡慕31、尊敬，因为 他们 靠32 的
Duìyú tāmen de "xiānfù", rénmen xiànmù、zūnjìng, yīnwei tāmen kào de
是 勤劳、智慧 和 技术。
shì qínláo、zhìhuì hé jìshù.

周永康、徐才厚、令计划 等 高级 干部 富起来 了，他们
Zhōu-Yǒngkāng、Xú-Cáihòu、Lìng-Jìhuà děng gāojí gànbù fùqǐlai le, tāmen
利用 手 中 的 职权，大量 侵吞33 国家 的 资产，收取 巨额 贿赂，
lìyòng shǒu zhōng de zhíquán, dàliàng qīntūn guójiā de zīchǎn, shōuqǔ jù'é huìlù,
生活 腐化。这些 "大老虎34"们，如果 不 是 在 反腐 斗争 中
shēnghuó fǔhuà. Zhèxiē "dàlǎohǔ" men, rúguǒ bú shì zài fǎnfǔ dòuzhēng zhōng
被 惩治35，他们 还 在 各种 场合 高喊 "为 人民 服务" 呢！
bèi chéngzhì, tāmen hái zài gèzhǒng chǎnghé gāohǎn "wèi rénmín fúwù" ne!

▲ある小学校の授業風景

25. 鹌鹑　ānchún　ウズラ
26. 该　gāi　この
27. 涉足　shèzú　足を入れる
28. 行业　hángyè　業種
29. 福布斯　Fúbùsī　米誌『フォーブス』(Forbes)
30. 富豪榜　fùháobǎng　長者番付け
31. 羡慕　xiànmù　羨やましがる
32. 靠　kào　頼る
33. 侵吞　qīntūn　横領する
34. 大老虎　dàlǎohǔ　職権を乱用して，大大的に収賄，横領する高級幹部
35. 惩治　chéngzhì　処罰する

原 浙江省 建设厅 副厅长 杨秀珠 富起来了。她 携
Yuán Zhèjiāng-shěng jiànshè-tīng fùtīngzhǎng Yáng-Xiùzhū fùqǐlai le. Tā xié

两亿多元 公款[36], 带着 家人 出逃到 美国, 在 纽约[37] 最
liǎngyìduō-yuán gōngkuǎn, dàizhe jiārén chūtáodào Měiguó, zài Niǔyuē zuì

繁华 的 地段[38] 购买了 至少[39] 五处 房产[40], 过着 奢侈[41] 的 生活。
fánhuá de dìduàn gòumǎile zhìshǎo wǔ-chù fángchǎn, guòzhe shēchǐ de shēnghuó.

由于[42] 中美 之 间 还 没有 签订[43] 引渡 协议, 这 使 美国
Yóuyú Zhōng-Měi zhī jiān hái méiyou qiāndìng yǐndù xiéyì, zhè shǐ Měiguó

成为 中国 外逃[44] 贪官[45] 的 天堂[46], 像 杨秀珠 这样 的
chéngwéi Zhōngguó wàitáo tānguān de tiāntáng, xiàng Yáng-Xiùzhū zhèyang de

贪官 多 不胜[47] 数。
tānguān duō búshèng shǔ.

对于 这些人 的 "先富", 人们 会 怎么 想 呢?
Duìyú zhèxiē-rén de "xiān-fù", rénmen huì zěnme xiǎng ne?

而 在 甘肃、宁夏、贵州 等 内陆 地区, 还有 数千万 贫困
Ér zài Gānsù、Níngxià、Guìzhōu děng nèilù dìqū, hái yǒu shùqiānwàn pínkùn

人口。他们 的 生活 水平 很 低, 医疗 条件 很 差, 孩子们
rénkǒu. Tāmen de shēnghuó shuǐpíng hěn dī, yīliáo tiáojiàn hěn chà, háizimen

接受不了 良好 的 教育。
jiēshòubuliǎo liánghǎo de jiàoyù.

不 杜绝[48] 腐败, 缩小 贫富 差距, 恐怕[49] "和谐[50] 社会" 将
Bú dùjué fǔbài, suōxiǎo pínfù chājù, kǒngpà "héxié shèhuì" jiāng

永远 是 空中楼阁[51], "中国 梦" 也 将 是 一场 虚幻
yǒngyuǎn shì kōngzhōnglóugé, "Zhōngguó mèng" yě jiāng shì yì-cháng xūhuàn

的 美梦。
de měimèng.

36. 公款	gōngkuǎn	公金	
37. 纽约	Niǔyuē	ニューヨーク	
38. 地段	dìduàn	区域, 地区	
39. 至少	zhìshǎo	少なくとも	
40. 房产	fángchǎn	(不動産としての) 家屋敷	
41. 奢侈	shēchǐ	ぜいたくな	
42. 由于～	yóuyú~	～によって, ～のために	
43. 签订	qiāndìng	調印する, 締結する	
44. 外逃	wàitáo	海外に逃亡する	
45. 贪官	tānguān	汚職役人	
46. 天堂	tiāntáng	天国	
47. 不胜	búshèng	～しきれない	
48. 杜绝	dùjué	(悪いことを) 防止する, 途絶させる	
49. 恐怕	kǒngpà	(悪い結果を予測して) 恐らく～だろう	
50. 和谐	héxié	調和がとれている	
51. 空中楼阁	kōngzhōnglóugé	成語 砂上の楼閣, 机上の空論	

第五课 让一部分人先富起来

第六课
骄傲的GDP的背后

基礎知識

　　1990年代以降、中国でよく耳にする言い方があります。それは'和国際社会接軌'です。その意味は「国際社会とレールをつなぐ」、つまり「国際社会の基準に合わせる」という意味です。GDPという用語をよく使うようになったのもその一つです。

　　GDPは国内総生産（Gross Domestic Product）の略で、これは一国の経済の規模を計る尺度です。中国のGDPは1980年代からずっと高い成長率を維持してきました。2008年に世界金融危機に見舞われると、先進国の経済は軒並み落ち込み、GDPも大幅に減少しました。この時も、中国の経済成長率は依然として7％前後の高水準を維持し、2009年には中国のGDPは日本を抜いて世界第二位となりました。GDPだけを見て、「中国は世界第二位の経済大国になった」と日本のマスコミは中国を持ち上げますが、しかしその表現にはやや違和感を覚えます。

　　違和感を覚える理由は2つあります。一つは中国のGDPが日本を抜いても、中国の人口は日本の10倍以上ですから、一人あたりのGDPは日本人の10％くらいにすぎません。したがって中国はまだ発展途上で、経済大国と呼ばれるのにはまだまだ早いということです。もう一つは、高い成長率を達成、維持するための犠牲があまりにも大きかったことです。河川や湖の汚染、資源の乱開発など、問題は極めて深刻です。ここで一度冷静になって、「GDP第一主義」を見直さないと、子孫に莫大な負の遺産を残すことになるでしょう。

本文

　　20世纪80年代以来，中国的GDP高速增长，综合国力不断提高。但是，在骄傲的GDP的背后，中国却失去了干净的土壤、清澈的河流和蓝色的天空。连环保总局领导也不得不承认：中国将产生成千上万"环境难民"。

　　中国的人口在2020年将达到14.5亿。然而，可居住和可利用的土地正在迅速减少。大面积的土地遭到酸雨的袭击，湿地面积萎缩，荒漠化土地面积达200多万平方公里。北方连年干旱缺水，沙尘暴频繁地发生。沙漠正在逼近首都北京，距离不到70公里了。

　　为了解决荒漠化问题，中国从1979年就开始在西北、华北、东北地区建设"三北"防护林，工程规划期限为70年，号称世界上最大的生态工程。可是由于树木品种单一、虫害、干旱和地下水位下降等原因，不少地区的防护林大面积枯死。这警示人们，在营造防护林的时候，必须注意乔、灌、草相结合，维护生物多样性。

　　中国的七大河中超过半数的水资源失去了利用价值，华北地区没有一条常流河。由于大量的生活污水和工业废水的排放，湖泊也遭受污染，半数以上湖泊富营养化严重。比如，洞庭湖素有"长江之肾"的美称，是中国第二大淡水湖。可是近年来湖区和地下水都遭到污染，水质下降。三峡大坝建成后，长江水入湖量锐减，致使其面积大幅度萎缩。第三大淡水湖太湖也曾发生严重的蓝藻灾害，无锡市民遭遇了空前的饮水危机。

　　北京、天津等城市雾霾问题困扰官民，而且引起了韩日等邻国的担忧。中日韩三国已经就环境问题开始了对话与合作。2014年和2015年，北京上空曾出现了"APEC蓝"和"阅兵蓝"，说明只要下功夫治理，空气质量是可以改善的。

　　要绿水青山，还是要金山银山？二者都想要。当鱼和熊掌不能兼得的时候，那只能要一个——绿水青山。因为只有保持人和自然的和谐，我们才能健康地生存繁衍下去。

本文を中国語で発音し、精読していきましょう。

20世纪　80年代　以来，中国　的　GDP　高速　增长，
Èrshí-shìjì　bāshí-niándài　yǐlái, Zhōngguó　de　GDP　gāosù　zēngzhǎng,
综合　国力　不断　提高。但是，在　骄傲¹　的　GDP　的　背后，中国
zōnghé　guólì　búduàn　tígāo. Dànshi, zài　jiāo'ào　de　GDP　de　bèihòu, Zhōngguó
却　失去了　干净²　的　土壤、清澈³　的　河流　和　蓝色　的　天空。
què　shīqùle　gānjìng　de　tǔrǎng、qīngchè　de　héliú　hé　lánsè　de　tiānkōng.
连⁴　环保⁵　总局　领导⁶　也　不得不⁷　承认：中国　将　产生
Lián　huánbǎo　zǒngjú　lǐngdǎo　yě　bùdébù　chéngrèn: Zhōngguó　jiāng　chǎnshēng
成千上万⁸　"环境　难民"。
chéngqiānshàngwàn　"huánjìng　nànmín".

中国　的　人口　在　2020年　将　达到　14.5亿。
Zhōngguó　de　rénkǒu　zài　èrlíng'èrlíng-nián　jiāng　dádào　shísìdiǎnwǔyì.
然而，可　居住　和　可　利用　的　土地　正在　迅速　减少。大面积
Rán'ér, kě　jūzhù　hé　kě　lìyòng　de　tǔdì　zhèngzài　xùnsù　jiǎnshǎo. Dàmiànjī
的　土地　遭到　酸雨　的　袭击⁹，湿地　面积　萎缩，荒漠化　土地
de　tǔdì　zāodào　suānyǔ　de　xíjī, shīdì　miànjī　wěisuō, huāngmòhuà　tǔdì
面积　达　200多万　平方公里。北方　连年　干旱¹⁰　缺　水，
miànjī　dá　èrbǎiduōwàn　píngfānggōnglǐ. Běifāng　liánnián　gānhàn　quē　shuǐ,
沙尘暴¹¹　频繁　地　发生。沙漠　正在　逼近¹²　首都　北京，距离
shāchénbào　pínfán　de　fāshēng. Shāmò　zhèngzài　bījìn　shǒudū　Běijīng, jùlí
不　到　70　公里　了。
bú　dào　qīshí　gōnglǐ　le.

为了　解决　荒漠化¹³　问题，中国　从　1979年　就　开始
Wèile　jiějué　huāngmòhuà　wèntí, Zhōngguó　cóng　yījiǔqījiǔ-nián　jiù　kāishǐ
在　西北、华北、东北　地区　建设　"三北　防护林"，工程¹⁴　规划
zài　Xīběi、Huáběi、Dōngběi　dìqū　jiànshè　"sān-běi　fánghùlín", gōngchéng　guīhuà
期限　为　70年，号称　世界上　最　大　的　生态　工程。可是
qīxiàn　wéi　qīshí-nián, hàochēng　shìjièshang　zuì　dà　de　shēngtài　gōngchéng. Kěshi

語注

1. 骄傲	jiāo'ào	誇りとする	
2. 干净	gānjìng	きれいである，清潔である	
3. 清澈	qīngchè	澄みきっている	
4. 连A也B	lián A yě B	AでさえもBである	
5. 环保	huánbǎo	環境保護（"环境保护"の略）	
6. 领导	lǐngdǎo	指導者	
7. 不得不～	bùdébù~	～せざるを得ない	
8. 成千上万	chéngqiānshàngwàn	成語 非常に数が多いさま	
9. 袭击	xíjī	襲撃	
10. 干旱	gānhàn	土地が日照りで乾燥している	
11. 沙尘暴	shāchénbào	砂嵐	
12. 逼近	bījìn	非常に接近する	
13. 荒漠化	huāngmòhuà	砂漠化	
14. 工程	gōngchéng	工事，プロジェクト	

第六课　骄傲的 GDP 的背后

由于¹⁵树木品种单一、虫害、干旱和地下水位下降等原因，不少地区的防护林大面积枯死。这警示人们，在营造防护林的时候，必须注意乔¹⁶、灌¹⁷、草相结合，维护¹⁸生物多样性。

中国的七大河中超过半数的水资源失去了利用价值，华北地区没有一条常流河¹⁹。由于大量的生活污水和工业废水的排放，湖泊²⁰也遭受污染，半数以上湖泊富营养化²¹严重。比如，洞庭湖²²素²³有"长江之肾²⁴"的美称，是中国第二大淡水湖。可是近年来湖区和地下水都遭到污染，水质下降。三峡大坝²⁵建成后，长江水入湖量锐减，致使²⁶其面积大幅度萎缩。第三大

◀太湖が泣いている

15. 由于〜 yóuyú〜 〜によって
16. 乔 qiáo 高い。ここでは'乔木 qiáomù'（高い木）のこと
17. 灌 guàn ここでは'灌木 guànmù'（低い木）のこと
18. 维护 wéihù 維持する
19. 常流河 chángliúhé 一年中途絶えることなく水の流れている川
20. 湖泊 húpō 湖の総称
21. 富营养化 fùyíngyǎnghuà 海・湖沼・河川などの水域が、貧栄養状態から富栄養状態へと移行する現象を言い、これによって植物プランクトンや水草が増殖する
22. 洞庭湖 Dòngtínghú ドウテイコ。中国湖南省北部にある中国第二の淡水湖
23. 素 sù もともと，本来
24. 肾 shèn 腎臓
25. 三峡大坝 Sānxiá dàbà 三峡（サンキョウ）ダム。四川省と湖北省の境にある巫山（フザン）を長江が浸食してできた峡谷（三峡）に建設したダム
26. 致使 zhìshǐ 〜の結果となる

淡水湖 太湖²⁷ 也 曾 发生 严重 的 蓝藻 灾害，无锡²⁸ 市民
dànshuǐhú Tàihú yě céng fāshēng yánzhòng de lánzǎo zāihài, Wúxī shìmín
遭遇了 空前 的 饮水 危机。
zāoyùle kōngqián de yǐnshuǐ wēijī.

　　北京、天津 等 城市 雾霾²⁹ 问题 困扰³⁰ 官民，而且 引起了
　　Běijīng, Tiānjīn děng chéngshì wùmái wèntí kùnrǎo guānmín, érqiě yǐnqǐle
韩 日 等 邻国 的 担忧。中 日 韩 三国 已经 就 环境
Hán Rì děng línguó de dānyōu. Zhōng Rì Hán sānguó yǐjīng jiù huánjìng
问题 开始了 对话 与 合作。2014年 和 2015年，北京 上空
wèntí kāishǐle duìhuà yǔ hézuò. Èrlíngyīsì-nián hé èrlíngyīwǔ-nián, Běijīng shàngkōng
曾 出现了 "APEC 蓝³¹" 和 "阅兵 蓝³²"，说明 只要³³ 下 功夫³⁴
céng chūxiànle "APEC lán" hé "yuèbīng lán", shuōmíng zhǐyào xià gōngfu
治理³⁵，空气 质量 是 可以 改善 的。
zhìlǐ, kōngqì zhìliàng shì kěyǐ gǎishàn de.

　　要 绿水青山，还是 要 金山 银山？二者 都 想要。当 鱼
　　Yào lǜshuǐqīngshān, háishì yào jīnshān yínshān? Èrzhě dōu xiǎngyào. Dāng yú
和 熊掌 不 能 兼 得³⁶ 的 时候，那 只 能 要 一个 —— 绿水
hé xióngzhǎng bù néng jiān dé de shíhou, nà zhǐ néng yào yíge —— lǜshuǐ
青山。因为 只有³⁷ 保持 人 和 自然 的 和谐³⁸，我们 才 能
qīngshān. Yīnwèi zhǐyǒu bǎochí rén hé zìrán de héxié, wǒmen cái néng
健康 地 生存 繁衍³⁹下去。
jiànkāng de shēngcún fányǎnxiàqu.

◀ 深刻な大気汚染

27.	太湖	Tàihú	江蘇省にある湖
28.	无锡	Wúxī	無錫, ムシャク（江蘇省）
29.	雾霾	wùmái	スモッグ
30.	困扰	kùnrǎo	困らせる
31.	APEC 蓝	lán	APEC ブルー
32.	阅兵蓝	yuèbīng lán	閲兵ブルー
33.	只要～	zhǐyào	～さえすれば
34.	功夫	gōngfu	努力
35.	治理	zhìlǐ	管理する
36.	鱼和熊掌不能兼得	yú hé xióngzhǎng bù néng jiān dé	二者を得ることができないときには一番大切なものを優先するという意味。『孟子（告子章句上十）』が出典
37.	只有 A 才 B	zhǐyǒu A cái B	ただ A だけが B である
38.	和谐	héxié	調和
39.	繁衍	fányǎn	繁殖する, 繁栄する

第七课
互联网在改变中国

● 基礎知識

今、日本はネット社会です。ほとんどあらゆる分野でインターネットが利用され、便利である反面、闇サイトの存在、個人情報の流出、著作権侵害、ネット依存症、炎上など、問題も山積しています。

中国もネット社会になりました。2021年12月末のネット人口は10億3千万人を超え、インターネット（互联网 hùliánwǎng）の普及率は70%を超えて、世界の平均水準を大きく上回っています。そして、言論統制の厳しい中国において、インターネットユーザーたちは'博客 bókè'（ブログ）、'微博 Wēibó'（ウェイボー、中国版ツイッター）、'微信 Wēixìn'（ウィーチャット「Wechat」）を政府に対抗する武器として使用しています。

インターネットの普及によって、中国の国民生活は大きく変わりました。この点は日本と同じです。インターネットが中国の国民にもたらした一番大きなものは様々な情報です。社会主義体制の中国では、政府によって厳しい情報統制が敷かれています。大きな事件、事故が発生すると、全国の新聞社に対して、「新華社通信が配信した記事を使用するように」という通達が出されます。

インターネットが普及した今日では、政府がどんなに厳しく規制しようとしても、情報が瞬時に流れてしまいます。情報操作や情報隠しは、もはや無駄な行為となっています。

インターネットは中国をいろいろな意味で変えつつあります。

● 本文

2003年3月17日晚上，27岁的孙志刚在广州的大街上行走时，突然被民警收容了。理由是他属于无固定住所、稳定生活来源和合法证件的所谓"三无人员"。事实上，当事人毕业于武汉科技学院，刚从深圳的一家公司跳槽到广州某公司，月薪2000元，并非"三无人员"。

20号上午，孙志刚被宣布死亡，死因是"心脏病"。后来，《南方都市报》记者调查后发现，他是被殴打而死的。此后，网民们在互联网上发出了强烈的谴责声，最终官方不得不重新调查，承认他死于殴打。十多名涉案人员被判刑，还有多名官员受到处分。

在网民们的奋力呼吁下，政府终于放弃了对流浪乞讨人员的强制收容和遣送，改为人道救助。中国的人权状况有了不小的改善。

这就是有名的"孙志刚事件"，它是一个标志性事件。人们通过互联网唤起了民众对农民工等弱者的关怀，并推动政府做出具有人道主义色彩的改革。互联网发挥了前所未有的作用。

继孙志刚事件之后，网民们一次又一次地以博客、微博和微信为武器，推动着中国向前进步：
2007年，山西"黑砖窑"事件曝光，众多农民工获得解放；
2009年，抽1500元一条"天价烟"的南京市江宁区房产管理局局长周久耕以受贿罪被判11年有期徒刑；
2013年，陕西省安监局局长杨达才因"微笑门"和"名表门"被撤职、逮捕，以受贿罪和巨额财产来源不明罪被判处有期徒刑14年；
……

有人说：网民是中国最大的"反对党"。虽然这个"党"没有组织，没有纲领，但它凭借着人们的良心和正义感，在帮助执政党清洁社会的空气，推动着中国的进步。

相传在尧舜时代，政治开明，君王为了倾听老百姓的批评意见，在交通要道设立叫"诽谤木"的木牌，让老百姓自由地留言。

在科技发达的21世纪，假如国家领导人能把博客、微博和微信看作当代的"诽谤木"，不是可以随时听到民众的声音吗？

本文を中国語で発音し、精読していきましょう。

2003年 3月 17日 晚上, 27岁 的 孙志刚 在
Èrlínglíngsān-nián sān-yuè shíqī-rì wǎnshang, èrshiqī-suì de Sūn-Zhìgāng zài

广州 的 大街上 行走 时, 突然 被 民警[1] 收容了。 理由 是
Guǎngzhōu de dàjiēshang xíngzǒu shí, tūrán bèi mínjǐng shōuróngle. Lǐyóu shì

他 属于[2] 无[3] 固定 住所、 稳定 生活 来源 和 合法 证件[4]
tā shǔyú wú gùdìng zhùsuǒ, wěndìng shēnghuó láiyuán hé héfǎ zhèngjiàn

的 所谓 "三无 人员"。 事实上, 当事人 毕业于 武汉科技学院,
de suǒwèi "sānwú rényuán". Shìshíshang, dāngshìrén bìyèyú Wǔhàn-kējì-xuéyuàn,

刚[5] 从 深圳 的 一家 公司 跳槽[6]到 广州 某 公司, 月薪[7]
gāng cóng Shēnzhèn de yì-jiā gōngsī tiàocáodào Guǎngzhōu mǒu gōngsī, yuèxīn

2000 元, 并 非[8] "三无 人员"。
liǎngqiān yuán, bìng fēi "sānwú rényuán".

20号 上午, 孙志刚 被 宣布 死亡, 死因 是 "心脏病"。
Èrshí-hào shàngwǔ, Sūn-Zhìgāng bèi xuānbù sǐwáng, sǐyīn shì "xīnzàngbìng".

后来, 《南方都市报》 记者 调查 后 发现, 他 是 被 殴打 而 死 的。
Hòulái, 《Nánfāng-dūshìbào》 jìzhě diàochá hòu fāxiàn, tā shì bèi ōudǎ ér sǐ de.

此后, 网民[9]们 在 互联网上 发出了 强烈 的 谴责[10] 声, 最终
Cǐhòu, wǎngmínmen zài hùliánwǎngshang fāchūle qiángliè de qiǎnzé shēng, zuìzhōng

官方[11] 不得不[12] 重新[13] 调查, 承认 他 死于 殴打。 十多名 涉案[14]
guānfāng bùdébù chóngxīn diàochá, chéngrèn tā sǐyú ōudǎ. Shíduō-míng shè'àn

人员 被 判刑[15], 还 有 多名 官员[16] 受到 处分。
rényuán bèi pànxíng, hái yǒu duō-míng guānyuán shòudào chǔfèn.

◀様々な就労証

語注

1. 民警　mínjǐng　'人民警察'の略
2. 属于　shǔyú　～に属する
3. 无　wú　ない
4. 证件　zhèngjiàn　証明書類の総称（卒業証明書, 身分証明書, 職務証明書, 戸籍簿など）
5. 刚　gāng　～したばかり
6. 跳槽　tiàocáo　くら替えする, 転職する
7. 月薪　yuèxīn　月給
8. 并非　bìng fēi　決して～でない, 別段～でない

9. 网民　wǎngmín　ネットユーザー
10. 谴责　qiǎnzé　厳しく非難する
11. 官方　guānfāng　役所側
12. 不得不　bùdébù　～せざるを得ない
13. 重新　chóngxīn　新たに, 改めて
14. 涉案　shè'àn　事件にかかわる
15. 判刑　pànxíng　刑罰を下す
16. 官员　guānyuán　役人

在 网民们 的 奋力 呼吁 下，政府 终于 放弃了 对 流浪
Zài wǎngmínmen de fènlì hūyù xià, zhèngfǔ zhōngyú fàngqìle duì liúlàng
乞讨 人员 的 强制 收容 和 遣送，改为 人道 救助。
qǐtǎo rényuán de qiángzhì shōuróng hé qiǎnsòng, gǎi wéi réndào jiùzhù.
中国 的 人权 状况 有了 不 小 的 改善。
Zhōngguó de rénquán zhuàngkuàng yǒule bù xiǎo de gǎishàn.
这 就 是 有名 的 "孙志刚 事件"，它 是 一个 标志性 事件。
Zhè jiù shì yǒumíng de "Sūn-Zhìgāng shìjiàn", tā shì yíge biāozhìxìng shìjiàn.
人们 通过 互联网 唤起了 民众 对 农民工 等 弱者 的
Rénmen tōngguò hùliánwǎng huànqǐle mínzhòng duì nóngmíngōng děng ruòzhě de
关怀，并 推动 政府 做出 具有 人道 主义 色彩 的 改革。
guānhuái, bìng tuīdòng zhèngfǔ zuòchū jùyǒu réndào zhǔyì sècǎi de gǎigé.
互联网 发挥了 前所未有 的 作用。
Hùliánwǎng fāhuīle qiánsuǒwèiyǒu de zuòyòng.
继 孙志刚 事件 之后，网民们 一次 又 一次 地 以 博客、
Jì Sūn-Zhìgāng shìjiàn zhīhòu, wǎngmínmen yí-cì yòu yí-cì de yǐ bókè,
微博 和 微信 为 武器，推动着 中国 向 前 进步：
Wēibó hé Wēixìn wéi wǔqì, tuīdòngzhe Zhōngguó xiàng qián jìnbù:
2007 年，山西 "黑砖窑" 事件 曝光，众多 农民工
Èrlínglíngqī-nián, Shānxī "hēizhuānyáo" shìjiàn bàoguāng, zhòngduō nóngmíngōng
获得 解放；
huòdé jiěfàng;
2009 年，抽 1500 元 一条 "天价烟" 的 南京市
Èrlínglíngjiǔ-nián, chōu yìqiānwǔbǎi yuán yì-tiáo "tiānjiàyān" de Nánjīng-shì
江宁区 房产 管理局 局长 周久耕 以 受贿罪 被 判 11 年
Jiāngníng-qū fángchǎn guǎnlǐjú júzhǎng Zhōu-Jiǔgēng yǐ shòuhuìzuì bèi pàn shíyī-nián
有期 徒刑；
yǒuqī túxíng;

---

17. 奋力　　fènlì　　力の限りを尽す
18. 呼吁　　hūyù　　呼びかけ
19. 乞讨　　qǐtǎo　　ものもらいをして歩く
　　乞讨人员　qǐtǎo rényuán　ホームレス
20. 遣送　　qiǎnsòng　　送還する、退去させる
21. 标志性　biāozhìxìng　　象徴的
22. 关怀　　guānhuái　　配慮
23. 前所未有　qiánsuǒwèiyǒu　成語 かつてない、未曾有である
24. 以A为B　yǐ A wéi B　AをBとする
25. 博客　　bókè　　ブログ
26. 微博　　Wēibó　　ウェイボー（中国版ツイッター）
27. 微信　　Wēixìn　　ウィーチャット（WeChat）
28. 黑砖窑　hēizhuānyáo　　闇のレンガ工場
29. 曝光　　bàoguāng　　露呈する
30. 房产　　fángchǎn　　（不動産としての）家屋敷
31. 受贿罪　shòuhuìzuì　　収賄罪
32. 徒刑　　túxíng　　懲役

2013年，陕西省 安监局³³ 局长 杨达才 因 "微笑门³⁴" 和
Èrlíngyīsān-nián, Shǎnxī-shěng ānjiānjú júzhǎng Yáng-Dácái yīn "wēixiào-mén" hé

"名表门³⁵" 被 撤职³⁶、逮捕，以 受贿罪 和 巨额 财产 来源
"míngbiǎo-mén" bèi chèzhí, dàibǔ, yǐ shòuhuìzuì hé jù'é cáichǎn láiyuán

不明 罪 被 判处³⁷ 有期徒刑³⁸ 14年；
bùmíng zuì bèi pànchǔ yǒuqī-túxíng shísì-nián;

……

有 人 说：网民 是 中国 最 大 的 "反对党"。虽然³⁹ 这个
Yǒu rén shuō: Wǎngmín shì Zhōngguó zuì dà de "fǎnduìdǎng". Suīrán zhège

"党" 没有 组织，没有 纲领，但 它 凭借⁴⁰着 人们 的 良心
"dǎng" méiyou zǔzhī, méiyou gānglǐng, dàn tā píngjièzhe rénmen de liángxīn

和 正义感，在 帮助 执政党⁴¹ 清洁 社会 的 空气，推动着
hé zhèngyìgǎn, zài bāngzhù zhízhèngdǎng qīngjié shèhuì de kōngqì, tuīdòngzhe

中国 的 进步。
Zhōngguó de jìnbù.

相传⁴² 在 尧 舜⁴³ 时代，政治 开明，君王 为了 倾听
Xiāngchuán zài Yáo Shùn shídài, zhèngzhì kāimíng, jūnwáng wèile qīngtīng

老百姓⁴⁴ 的 批评 意见，在 交通 要道 设立 叫 "诽谤木" 的
lǎobǎixìng de pīpíng yìjiàn, zài jiāotōng yàodào shèlì jiào "fěibàngmù" de

木牌，让 老百姓 自由 地 留言⁴⁵。
mùpái, ràng lǎobǎixìng zìyóu de liúyán.

在 科技⁴⁶ 发达 的 21世纪，假如⁴⁷ 国家 领导人 能 把 博客、
Zài kējì fādá de èrshíyī-shìjì, jiǎrú guójiā lǐngdǎorén néng bǎ bókè,

微博 和 微信 看作⁴⁸ 当代 的 "诽谤木"，不 是 可以 随时 听到
Wēibó hé Wēixìn kànzuò dāngdài de "fěibàngmù", bú shì kěyi suíshí tīngdào

民众 的 声音 吗？
mínzhòng de shēngyīn ma?

---

33. 安监局 ānjiānjú 安全生産監督管理局
34. 微笑门 wéixiào-mén 微笑スキャンダル
35. 名表门 míngbiǎo-mén 高級腕時計スキャンダル
36. 撤职 chèzhí 免職する，くびにする
37. 判处 pànchǔ 判決を下す
38. 有期徒刑 yǒuqī-túxíng 有期懲役
39. 虽然A，但B suīrán A, dàn B Aだけれども，しかしBだ
40. 凭借 píngjiè 頼る，拠り所とする
41. 执政党 zhízhèngdǎng 与党
42. 相传 xiāngchuán 伝えられるところによれば～だそうだ
43. 尧舜 Yáo Shùn 中国先史時代の聖天子である堯帝（ギョウテイ）と舜帝（シュンテイ）のこと
44. 老百姓 lǎobǎixìng 庶民，民衆
45. 留言 liúyán 書き置きする
46. 科技 kējì 科学技術
47. 假如 jiǎrú もし～ならば
48. 看作 kànzuò 見なす

房奴、车奴和卡奴

基礎知識

　　1980年代以降、社会の目まぐるしい変化とともに、数多くの新語が生まれました。スターを崇拝して追いかける人たちは'追星族'、月給を全部使い果たし、将来のために貯金しようとしない若者は'月光族'、日本びいきの若者は'哈日族'、などです。「○○族」は日本の「暴走族」や「窓際族」などの影響を受けてできた言葉です。
　　この他にも、日本語の影響を受けて造語されたものがたくさんあります。例えばカラオケは'卡拉ＯＫ'、人気は'人气'、オタクは'宅男、宅女'と言います。
　　21世紀に入って15年以上が過ぎ、日中両国は経済や貿易の分野だけでなく、言葉など、文化の面においても新たな大交流時代に入ったように思われます。
　　もちろん、漢字の本家は中国ですから、中国人独自の発想で作られた新語は圧倒的に多く見られます。例えば'房奴'、'车奴'、'卡奴'などがそれです。「奴」は「奴隷」の「奴」ですから、これらはすべて人をけなす言葉です。'房奴'は月収のかなりの部分を住宅ローンに支払う人のこと、'车奴'は月収のかなりの部分を自動車のローンに支払う人のこと、'卡奴'はカードローン地獄に陥った人のことを指します。これらはすべて、急速に経済が発展した中国の負の部分を表す言葉であると言えるでしょう。

本文

　　中国社会在经历着巨大的变化。在这样的大气候下，新词汇不断出现。其中有追星族、月光族、哈日族等五花八门的"族"，也有房奴、车奴、卡奴等各种各样的"奴"。
　　追星族指崇拜某些明星并追随与其有关事物的一群人，大多数是十多岁或二十多岁的年轻人；
　　月光族指那些没有勤俭节约观念，将每月挣的钱全部花光的年轻人；
　　哈日族指热衷、崇拜、复制日本流行文化的年轻人。
　　那么房奴，车奴，卡奴指什么呢？
　　房奴指城镇居民抵押贷款购房，在生命黄金期的20年到30年，每年用可支配收入的40%以上偿还贷款本息，因而沦为商品房奴隶的人。他们除了还房贷，还要交水电费、煤气费、物业费等等费用。这给他们造成很大的压力，身心疲劳不堪，还影响到教育、医疗、旅游等方面的支出，生活质量下降。近年来，房价不断上涨，严重影响了中低收入人群的生活满意度。许多按揭购房者看似富翁，实际上却是背着沉重债务的"负翁"。
　　车奴指那些没有消费私家车的经济能力，却为了满足虚荣心通过分期付款买车的人，也指购买跟自己的经济实力不匹配的高档车的人。当出现收入不稳定，油价上涨等情况时，他们就会感到很大压力。广义上的车奴还包括以下的人群，一类是爱车如命，一有时间就洗车擦车的人；另一类是自称"驴友"，一有时间就驾车旅游，把大量时间都耗在车里的人。
　　卡奴一词来源于台湾，是指没有能力偿还透支信用卡的人。银行间为争夺客户滥发信用卡，使很多没有足够支付能力的人拥有信用卡。这是卡奴产生的根源。不少持卡人不顾自己的经济实力大量购物，刷卡支付。尤其是一些年轻人抱着"提前享受生活"、"花明天的钱，圆今天的梦"的观念，不会理财，不知道节制消费。他们持有多张卡，以卡养卡，一直在偿还利息，摆脱不了恶性循环。

本文を中国語で発音し、精読していきましょう。

中国 社会 在 经历¹着 巨大 的 变化。在 这样 的 大气候²
Zhōngguó shèhuì zài jīnglìzhe jùdà de biànhuà. Zài zhèyàng de dàqìhòu

下，新 词汇 不断 出现。其中 有 追星族、月光族、哈日族
xià, xīn cíhuì búduàn chūxiàn. Qízhōng yǒu zhuīxīng-zú, yuèguāng-zú, hāRì-zú

等 五花八门³ 的 "族"，也 有 房奴、车奴、卡奴 等 各种各样
děng wǔhuābāmén de "zú", yě yǒu fángnú, chēnú, kǎnú děng gèzhǒng-gèyàng

的 "奴"。
de "nú".

追星族 指 崇拜 某些 明星 并 追随 与 其 有关 事物
Zhuīxīng-zú zhǐ chóngbài mǒuxiē míngxīng bìng zhuīsuí yǔ qí yǒuguān shìwù

的 一群 人，大多数 是 十多岁 或 二十多岁 的 年轻人；
de yìqún rén, dàduōshù shì shíduō-suì huò èrshiduō-suì de niánqīngrén;

月光族 指 那些 没有 勤俭⁴ 节约 观念，将 每月 挣⁵ 的
Yuèguāng-zú zhǐ nàxiē méiyou qínjiǎn jiéyuē guānniàn, jiāng měiyuè zhèng de

钱 全部 花光 的 年轻人；
qián quánbù huāguāng de niánqīngrén;

哈日族 指 热衷⁶、崇拜、复制 日本 流行 文化 的 年轻人。
HāRì-zú zhǐ rèzhōng, chóngbài, fùzhì Rìběn liúxíng wénhuà de niánqīngrén.

那么 房奴、车奴、卡奴 指 什么 呢？
Nàme fángnú, chēnú, kǎnú zhǐ shénme ne?

房奴 指 城镇 居民 抵押⁷ 贷款⁸ 购房，在 生命 黄金期
Fángnú zhǐ chéngzhèn jūmín dǐyā dàikuǎn gòu fáng, zài shēngmìng huángjīn-qī

的 20年 到 30年，每年 用 可 支配 收入 的 40% 以上
de èrshí-nián dào sānshí-nián, měinián yòng kě zhīpèi shōurù de bǎifēn-zhī-sìshí yǐshàng

▲マンションを買うために並んでいる人々

語注

1. 经历　jīnglì　経験する，体験する
2. 大气候　dàqìhòu　大かたの情勢，動向
3. 五花八门　wǔhuābāmén　成語 物事が多種多様で変化に富んでいることの形容
4. 勤俭　qínjiǎn　勤勉で倹約する
5. 挣　zhèng　お金を稼ぐ
6. 热衷　rèzhōng　熱中する
7. 抵押　dǐyā　抵当に入れる
8. 贷款　dàikuǎn　資金を借り入れる

偿还[9] 贷款 本息[10]，因而 沦为[11] 商品房 奴隶 的 人。他们
chánghuán dàikuǎn běnxī, yīn'ér lúnwéi shāngpǐnfáng núlì de rén. Tāmen
除了[12] 还[13] 房贷，还要 交[14] 水电费、煤气[15]费、物业费[16,17]等等 费用。
chúle huán fángdài, hái yào jiāo shuǐdiàn-fèi、méiqì-fèi、wùyè-fèi děngděng fèiyòng.
这 给 他们 造成 很 大 的 压力，身心 疲劳 不堪，还 影响到
Zhè gěi tāmen zàochéng hěn dà de yālì, shēnxīn píláo bùkān, hái yǐngxiǎngdào
教育、医疗、旅游 等 方面 的 支出，生活 质量[18] 下降。
jiàoyù、yīliáo、lǚyóu děng fāngmiàn de zhīchū, shēnghuó zhìliàng xiàjiàng.
近年 来，房价 不断 上涨[19]，严重 影响了 中 低 收入 人群
Jìnnián lái, fángjià búduàn shàngzhǎng, yánzhòng yǐngxiǎngle zhōng dī shōurù rénqún
的 生活 满意度。许多 按揭[20] 购房者 看 似 富翁[21]，实际上 却
de shēnghuó mǎnyì-dù. Xǔduō ànjiē gòufáng-zhě kàn sì fùwēng, shíjìshang què
是 背着 沉重 债务 的 "负翁[22]"。
shì bēizhe chénzhòng zhàiwù de "fùwēng".

车奴 指 那些 没有 消费 私家车 的 经济 能力，却 为了
Chēnú zhǐ nàxiē méiyou xiāofèi sījiāchē de jīngjì nénglì, què wèile
满足 虚荣心 通过 分期付款[23] 买 车 的 人，也 指 购买 跟
mǎnzú xūróngxīn tōngguò fēnqī-fùkuǎn mǎi chē de rén, yě zhǐ gòumǎi gēn
自己 的 经济 实力 不 匹配[24] 的 高档[25]车 的 人。当[26] 出现 收入
zìjǐ de jīngjì shílì bù pǐpèi de gāodàng-chē de rén. Dāng chūxiàn shōurù
不 稳定，油价 上涨 等 情况 时，他们 就 会 感到 很
bù wěndìng, yóujià shàngzhǎng děng qíngkuàng shí, tāmen jiù huì gǎndào hěn

---

9. 偿还 chánghuán 返済する
10. 本息 běnxī 元金と利息
11. 沦为 lúnwéi 落ちぶれて~となる
12. 除了A，还B chúle A, hái B Aのほかに、さらにBである
13. 还 huán 返済する
14. 交 jiāo 納める
15. 煤气 méiqì ガス
16. 物业 wùyè 不動産
17. 物业费 wùyè-fèi 分譲住宅の保守・管理費
18. 质量 zhìliàng 質

19. 上涨 shàngzhǎng 値上がりする
20. 按揭 ànjiē ローンを組む
21. 富翁 fùwēng 金持ち
22. 负翁 fùwēng 借金王。金持ち（富翁）とのかけ言葉
23. 分期付款 fēnqī-fùkuǎn 分割払い
24. 匹配 pǐpèi 見合う、マッチする
25. 高档 gāodàng 高級な
26. 当~时 dāng~shí ~の時

大 压力。广义上 的 车奴 还 包括 以下 的 人群，一类 是
dà yālì. Guǎngyìshang de chēnú hái bāokuò yǐxià de rénqún, yílèi shì

爱车 如 命，一 有 时间 就 洗车 擦车 的 人；另 一类 是
ài chē rú mìng, yì yǒu shíjiān jiù xǐ chē cā chē de rén; lìng yílèi shì

自称"驴友[27]"，一 有 时间 就 驾车 旅游，把 大量 时间 都
zìchēng "lǘyǒu", yì yǒu shíjiān jiù jià chē lǚyóu, bǎ dàliàng shíjiān dōu

耗在 车里 的 人。
hàozài chēli de rén.

卡奴 一词 来源于[28] 台湾，是 指 没有 能力 偿还 透支[29] 信用卡[30]
Kǎnú yì-cí láiyuányú Táiwān, shì zhǐ méiyou nénglì chánghuán tòuzhī xìnyòng-kǎ

的 人。银行 间 为 争夺 客户 滥发 信用卡，使 很 多 没有
de rén. Yínháng jiān wèi zhēngduó kèhù lànfā xìnyòng-kǎ, shǐ hěn duō méiyou

足够 支付[31] 能力 的 人 拥有[32] 信用卡。这 是 卡奴 产生 的
zúgòu zhīfù nénglì de rén yōngyǒu xìnyòng-kǎ. Zhè shì kǎnú chǎnshēng de

根源。不少 持卡人 不 顾 自己 的 经济 实力 大量 购物，刷卡[33]
gēnyuán. Bùshǎo chí-kǎ-rén bú gù zìjǐ de jīngjì shílì dàliàng gòuwù, shuākǎ

支付。尤其[34]是 一些 年轻人 抱着"提前[35] 享受 生活"、"花[36] 明天
zhīfù. Yóuqí shì yìxiē niánqīngrén bàozhe "tíqián xiǎngshòu shēnghuó", "huā míngtiān

的 钱，圆[37] 今天 的 梦" 的 观念，不 会 理财[38]，不 知道 节制
de qián, yuán jīntiān de mèng" de guānniàn, bú huì lǐcái, bù zhīdào jiézhì

消费。他们 持有 多张 卡，以 卡 养 卡，一直 在 偿还 利息，
xiāofèi. Tāmen chíyǒu duō-zhāng kǎ, yǐ kǎ yǎng kǎ, yìzhí zài chánghuán lìxī,

摆脱 不了[39] 恶性 循环。
bǎituōbuliǎo èxìng xúnhuán.

27. 驴友　lǘyǒu　旅行愛好家
28. 来源于～　láiyuányú~　～に由来する
29. 透支　tòuzhī　支出超過する
30. 信用卡　xìnyòng-kǎ　クレジットカード
31. 支付　zhīfù　支払う
32. 拥有　yōngyǒu　（財産などを）持つ
33. 刷卡　shuākǎ　カードを機械に通す
34. 尤其　yóuqí　特に
35. 提前　tíqián　（予定の期限を）くり上げる
36. 花　huā　使う，費す
37. 圆梦　yuán mèng　夢をかなえる
38. 理财　lǐcái　財務管理する
39. 摆脱不了　bǎituōbuliǎo　抜け出せない

Zhōngguó

历史遗产篇

第九课　万里长城
Wànlǐ-Chángchéng

第十课　泰山
Tàishān

第十一课　秦始皇陵及兵马俑坑
Qín-Shǐhuáng-líng jí bīngmǎyǒng-kēng

第十二课　客家与"福建土楼"建筑群
Kèjiā yǔ "Fújiàn tǔlóu" jiànzhù-qún

第九课 万里长城

Zhōngguó zhī chuāng

🌑 基礎知識

　　万里の長城はユネスコ文化遺産に登録された建造物です。以前は全長が、東端の河北省山海関から西端の甘粛省嘉峪関まで 6352km とされていました。しかし 2009 年 4 月 18 日に中華人民共和国国家文物局は、東端を遼寧省虎山とすると発表し、それによって、万里の長城の全長は 8851.8km となりました。

　　万里の長城の英語名は 'The Great Wall' で、「巨大な壁」という意味です。この巨大な壁は中国古代最大の防御工事でした。戦国時代（前 475 ～前 221）、秦、趙、燕の三国は自国の北で活動している匈奴、東胡などの遊牧民族の侵入を防ぐために、それぞれ狼煙（のろし）台を作り、それを壁でつなぎました。秦の始皇帝が中国を統一してからは、それらの壁をつなぎ合わせ、更に延長しました。

　　それ以来、歴代王朝は国を防衛するために万里の長城を修復したり、作り直したりし続けました。そして明代に入ってから本格的な修復工事を行い、石や煉瓦などを大量に使用して、長城をより強固なものにしました。

　　万里の長城は宇宙から肉眼で見える地球唯一の建造物と長い間言われてきましたが、どうやらそれは根拠のない話のようです。2003 年、中国初の有人宇宙船「神舟 5 号」に搭乗した楊利偉飛行士は「万里の長城は見えなかった」と証言しました。

　　それでも万里の長城は中華民族の知恵の結晶であり、人類共通の財産と言えるでしょう。

🌑 本文

　　长城，在中国人心目中不仅仅是一座宏大的建筑物，更是一种象征性符号。孟姜女哭长城的故事在中国流传了千百年，它在歌颂忠贞不渝的爱情的同时，折射了普通老百姓对封建王朝强征劳役修筑长城的怨恨。唐代诗人王昌龄、王维等人的作品中也多次出现"长城"。今天人们常说的"不到长城非好汉"则出自毛泽东的笔下。

　　长城是人类建筑史上罕见的古代军事防御工程。春秋战国时期，出于防御目的，各国纷纷修筑长城。楚长城和齐长城是最古老的长城。北方的秦国、赵国和燕国为了抵御匈奴、东胡等游牧民族，也在本国的北边修筑烽火台，用城墙连接起来，并派兵驻守。

　　秦始皇统一中国以后，命令将军蒙恬负责修建长城。蒙恬把秦、赵、燕三国修筑的长城连起来，又向东延伸到辽东，向西延伸到临洮。这样，一个总长度超过一万里的伟大建筑诞生了。

　　后来的历代王朝，都不断地对长城进行修复、加固，到明朝时进行了最大规模的修复、建设。在明朝二百多年间，几乎没停止过长城的修筑工程。明长城在材料上有了很大的改进，不少地方的土垣改成了石墙或砖墙，因而非常坚固。它是防御体系和结构极为合理的长城，对防御蒙古族、女真族的入侵发挥了重要作用，保护了人民的生产和生活。

　　明朝不仅修筑了"外长城"，还修筑了"内长城"和"内三关"长城。

　　如果把历代长城连接起来，总长度超过两万一千公里。不过，人们通常说的万里长城指明代修筑的长城，它东起辽宁省的鸭绿江边，西至甘肃省的嘉峪关，总长度为八千八百多公里。

　　孙中山先生说："中国最有名之工程者，万里长城也。……工程之大，古无其匹，为世界独一之奇观。"

　　1987 年 12 月，长城被列入《世界遗产名录》，成为全人类共同的财富。如今，每天慕名而来的世界各国游客络绎不绝。

本文を中国語で発音し、精読していきましょう。

长城，在 中国人 心目 中 不仅仅¹ 是 一座 宏大 的
Chángchéng, zài Zhōngguórén xīnmù zhōng bùjǐnjǐn shì yí-zuò hóngdà de

建筑物， 更 是 一种 象征性 符号²。孟姜女³ 哭 长城
jiànzhùwù, gèng shì yìzhǒng xiàngzhēngxìng fúhào. Mèng-Jiāngnǚ kū Chángchéng

的 故事 在 中国 流传了 千百年， 它 在 歌颂⁴ 忠贞不渝⁵
de gùshi zài Zhōngguó liúchuánle qiānbǎinián, tā zài gēsòng zhōngzhēnbùyú

的 爱情 的 同时， 折射⁶了 普通 老百姓⁷ 对 封建 王朝 强⁸
de àiqíng de tóngshí, zhéshèle pǔtōng lǎobǎixìng duì fēngjiàn wángcháo qiǎng

征⁹ 劳役 修筑¹⁰ 长城 的 怨恨。唐代 诗人 王昌龄¹¹、王维¹²
zhēng láoyì xiūzhù Chángchéng de yuànhèn. Táng-dài shīrén Wáng-Chānglíng、Wáng-Wéi

等 人 的 作品 中 也 多次 出现 "长城"。今天 人们 常
děng rén de zuòpǐn zhōng yě duōcì chūxiàn "Chángchéng". Jīntiān rénmen cháng

说 的 "不 到 长城 非 好汉" 则 出自¹³ 毛泽东 的 笔下¹⁴。
shuō de "bú dào Chángchéng fēi hǎohàn" zé chūzì Máo-Zédōng de bǐxià.

长城 是 人类 建筑史上 罕见¹⁵ 的 古代 军事 防御
Chángchéng shì rénlèi jiànzhùshǐshang hǎnjiàn de gǔdài jūnshì fángyù

工程¹⁶。 春秋 战国 时期， 出于 防御 目的， 各国 纷纷¹⁷ 修筑
gōngchéng. Chūnqiū Zhànguó shíqī, chūyú fángyù mùdì, gèguó fēnfēn xiūzhù

▲ 八達嶺長城

語注

1. 不仅仅A，更B bù jǐnjǐn A, gèng B Aだけでなく，さらにBだ
2. 符号 fúhào シンボル
3. 孟姜女 Mèng-Jiāngnǚ モウキョウジョ。秦の始皇帝の時代の女性
4. 歌颂 gēsòng 歌い上げる
5. 忠贞不渝 zhōngzhēnbùyú [成語]忠誠で二心がない
6. 折射 zhéshè 反映する
7. 老百姓 lǎobǎixìng 一般庶民
8. 强 qiǎng 無理に，強制的に
9. 征 zhēng （政府が）召集する，徴用する
10. 修筑 xiūzhù 築造する
11. 王昌龄 Wáng-Chānglíng オウショウレイ（698～765）。盛唐の詩人。辺塞詩に佳作が多い
12. 王维 Wáng-Wéi オウイ（699～759）。盛唐の詩人。詩仏と呼ばれた自然詩人
13. 出自 chūzì （…から）出る
14. 笔下 bǐxià 筆で書いた文字や文章
15. 罕见 hǎnjiàn まれに見る
16. 工程 gōngchéng 工事
17. 纷纷 fēnfēn 次々と

长城。楚[18]长城和齐[19]长城是最古老的长城。北方的秦国、赵国和燕国为了抵御[20]匈奴、东胡等游牧民族，也在本国的北边修筑烽火台，用城墙连接[21]起来，并派兵驻守[22]。

秦始皇[23]统一中国以后，命令将军蒙恬[24]负责修建长城。蒙恬把秦、赵、燕三国修筑的长城连起来，又向东延伸到辽东[25]，向西延伸到临洮[26]。这样，一个总长度超过一万里的伟大建筑诞生了。

后来的历代王朝，都不断地对长城进行修复、加固[27]，到明朝时进行了最大规模的修复、建设。在明朝二百多年间，几乎[28]没停止过长城的修筑工程。明长城在材料上有了很大的改进，不少地方的土垣改成了石墙或砖墙[29]，因而[30]非常坚固。

◀ 敦煌の漢長城

18. 楚　Chǔ　楚。周代の国名。現在の湖南, 湖北, 安徽, 浙江, 河南南部を領有していた
19. 齐　Qí　斉。周代の国名。現在の山东省北部から河北省東南部にあった
20. 抵御　dǐyù　防ぎ止める, 抵抗する
21. 连接　liánjiē　つなぎ合わせる
22. 驻守　zhùshǒu　防衛のために駐屯する
23. 秦始皇　Qín-Shǐhuáng　秦の始皇帝。第十一課基礎知識参照
24. 蒙恬　Méng-Tián　モウテン（?〜前210）
25. 辽东　Liáodōng　遼東, リョウトウ。今の遼寧省内
26. 临洮　Líntáo　臨洮, リントウ。今の甘粛省岷県
27. 加固　jiāgù　補強する
28. 几乎　jīhū　ほとんど
29. 砖墙　zhuānqiáng　レンガの壁
30. 因而　yīn'ér　従って

它 是 防御 体系 和 结构³¹ 极为³² 合理 的 长城，对 防御
Tā shì fángyù tǐxì hé jiégòu jíwéi hélǐ de Chángchéng, duì fángyù

蒙古族、 女真族 的 入侵 发挥了 重要 作用，保护了 人民 的
Ménggǔ-zú、 Nǚzhēn-zú de rùqīn fāhuīle zhòngyào zuòyòng, bǎohùle rénmín de

生产 和 生活。
shēngchǎn hé shēnghuó.

　　明朝 不仅³³ 修筑了 "外长城"，还 修筑了 "内长城" 和
　　Míng-cháo bùjǐn xiūzhùle "wài-Chángchéng", hái xiūzhùle "nèi-Chángchéng" hé

"内三关³⁴" 长城。
"nèi-sān-guān" Chángchéng.

　　如果 把 历代 长城 连接起来，总 长度 超过 两万一千
　　Rúguǒ bǎ lìdài Chángchéng liánjiēqǐlai, zǒng chángdù chāoguò liǎngwànyīqiān

公里³⁵。不过， 人们 通常 说 的 万里长城 指 明代 修筑
gōnglǐ. Búguò, rénmen tōngcháng shuō de Wànlǐ-Chángchéng zhǐ Míng-dài xiūzhù

的 长城，它 东起 辽宁省 的 鸭绿江³⁶ 边，西至 甘肃省
de Chángchéng, tā dōng qǐ Liáoníng-shěng de Yālùjiāng biān, xī zhì Gānsù-shěng

的 嘉峪关³⁷， 总 长度 为 八千八百多 公里。
de Jiāyùguān, zǒng chángdù wéi bāqiānbābǎiduō gōnglǐ.

　　孙中山³⁸ 先生 说："中国 最 有名 之 工程者,
　　Sūn-Zhōngshān xiānsheng shuō: "Zhōngguó zuì yǒumíng zhī gōngchéngzhě,

万里长城 也。… 工程 之 大， 古 无 其 匹，为 世界
Wànlǐ-Chángchéng yě. … Gōngchéng zhī dà, gǔ wú qí pǐ, wéi shìjiè

独一 之 奇观³⁹。"
dúyī zhī qíguān."

　　1987年 12月， 长城 被 列入⁴⁰《世界
　　Yījiǔbāqī-nián shí'èr-yuè, Chángchéng bèi lièrù 《Shìjiè-

遗产 名录》， 成为 全人类 共同 的 财富。如今,
yíchǎn mínglù》, chéngwéi quán rénlèi gòngtóng de cáifù. Rújīn,

每天 慕名⁴¹ 而 来 的 世界 各国 游客 络绎不绝⁴²。
měitiān mùmíng ér lái de shìjiè gèguó yóukè luòyìbùjué.

▲ 司馬台長城

³¹ 结构 jiégòu 構造		³⁷ 嘉峪关 Jiāyùguān カヨクカン
³² 极为 jíwéi 極めて～		³⁸ 孙中山 Sūn-Zhōngshān ソンチュウザン=
³³ 不仅A，还B bù jǐn A, hái B Aだけ		孙文。第二課, P.9 の語注 32 参照
ではなく，さらにBである		³⁹ 奇观 qíguān すばらしい景色, 壮観
³⁴ 内三关 nèi-sān-guān 居庸関，紫荊関，倒		⁴⁰ 列入 lièrù ～の中に入れる
馬関の３つの関所		⁴¹ 慕名 mùmíng 美名を慕う
³⁵ 公里 gōnglǐ キロメートル		⁴² 络绎不绝 luòyìbùjué 成語 往来が引き続
³⁶ 鸭绿江 Yālùjiāng オウリョクコウ。中朝		いて絶えることがない
国境にある川		

第十课 泰山

● 基礎知識

　　中国は国土面積が広くて、有名な山がたくさんあります。そのうち、仏教の名山と言えば山西省の五台山、四川省の峨眉山、安徽省の九華山と浙江省の普陀山です。景色の最も美しい山は安徽省の黄山だと言われています。この他、中国の「五岳」と呼ばれる山々があり、それは山東省の東岳泰山、湖南省の南岳衡山、陝西省の西岳華山、山西省の北岳恒山、河南省の中岳嵩山です。

　　世界の登山家にとって最も魅力的な山は、何と言ってもヒマラヤ山脈にあるチョモランマ（8844.43 m、中国とネパールの間にある世界第1位の山）、カラコルム山脈のK2（8611 m、中国とパキスタンの間にある世界第2位の山）など、標高8000 m以上の山でしょう。

　　泰山の標高はたった1,545 mしかありません。しかし、泰山は古代から「五岳独尊」と言われ、中国人にとって最も聖なる山とされています。その理由は主に二つあります。一つは、ここは古代歴代皇帝が「封禅（ホウゼン）」の儀式を行ったところだということです。「封禅」とは、皇帝即位の際、天地の神にその正当性を示す儀式で、山頂で天を祀る儀式が「封」、山麓で地の神を祀る儀式が「禅」です。二つ目の理由は、泰山は道教、仏教、儒教の三つが融和された山であることです。泰山は主に道教の神々である東岳大帝、碧霞元君（泰山の女神）などを祀っています。また、霊巌寺、普照寺、竹林寺など、由緒正しい仏教寺院もたくさんあります。そして、孔子にまつわる名所や孔子廟も作られています。

　　1987年、泰山はユネスコ複合遺産（文化と自然）に登録されました。

● 本文

　　中国幅员辽阔，名山大川很多。名山中的名山是东岳泰山，南岳衡山，西岳华山，北岳恒山，中岳嵩山等五岳，其中泰山被称为五岳之首，并有"天下第一山"的美誉。

　　泰山又称岱山、岱宗、岱岳、泰岳、东岳，高1545米。从海拔上看，它比华山和恒山都低，可为什么成了"五岳之首"呢？泰山位于华北大平原东侧的齐鲁古国，东邻大海，西靠黄河，处于古代中国东方政治经济文化的中心。由于东方是太阳升起的地方，古代中国人认为是万物交替，初春发生的地方。因此，它被认为是一座吉祥的山。

　　几千年来，历代帝王为了维护自己的统治，为了向世人宣扬自己的地位的正统性，都专程来到泰山，在此举行封禅祭天仪式。据文献记载，早在先秦时代（公元前221年前）就有七十二位君王到这里举行祭祀活动。后来秦始皇、汉武帝、唐高宗等十多位皇帝也在这里举行过封禅大典。

　　就这样，泰山被神化了，成了国家昌盛、政权稳固的象征。

　　帝王看重泰山，文人墨客也不甘落后，他们在这里留下了大量不朽的诗文和书法墨宝。因此，人们说泰山是中国古代书法及石刻艺术的博物馆。

　　两千多年前，孔子曾登泰山，孟子说他"登泰山而小天下"。 以《史记》而名垂青史的司马迁也留下了"人固有一死，或重于泰山，或轻于鸿毛"的名言，激励着一代又一代人要胸怀大志，为国家利益和民族利益而奋斗。

　　在中国人心目中，泰山代表着高大、美好、高尚、坚毅。而当地老百姓也对泰山十分崇拜，认为山上的草木石头都很神奇，至今还传诵着"吃了泰山灵芝草，返老还童人不老"的谚语。

　　泰山迷人的自然景观多不胜数，比如天柱峰、日观峰、百丈崖、望人松等；历史文化遗迹多达两千多处，有岱庙、普照寺、碧霞祠等等。

　　1987年，泰山被列入《世界遗产名录》。

本文を中国語で発音し、精読していきましょう。

中国 幅员¹ 辽阔², 名山 大川 很 多。名山 中 的
Zhōngguó fúyuán liáokuò, míngshān dàchuān hěn duō. Míngshān zhōng de
名山 是 东岳 泰山, 南岳 衡山, 西岳 华山, 北岳 恒山,
míngshān shì dōngyuè Tàishān, nányuè Héngshān, xīyuè Huàshān, běiyuè Héngshān,
中岳 嵩山 等 五岳, 其中 泰山 被 称为 五岳 之 首,
zhōngyuè Sōngshān děng wǔyuè, qízhōng Tàishān bèi chēngwéi wǔyuè zhī shǒu,
并 有 "天下 第一山" 的 美誉。
bìng yǒu "tiānxià dì-yī-shān" de měiyù.

泰山 又 称 岱山、 岱宗、 岱岳、 泰岳、 东岳, 高
Tàishān yòu chēng Dàishān、 Dàizōng、 Dàiyuè、 Tàiyuè、 Dōngyuè, gāo
1545 米。从 海拔上 看, 它 比 华山 和 恒山 都
yìqiānwǔbǎisìshíwǔ mǐ. Cóng hǎibáshang kàn, tā bǐ Huàshān hé Héngshān dōu
低, 可 为什么 成了 "五岳 之 首" 呢？ 泰山 位于 华北
dī, kě wèishénme chéngle "wǔyuè zhī shǒu" ne? Tàishān wèiyú Huáběi
大平原 东侧 的 齐³ 鲁⁴ 古国, 东 邻 大海, 西 靠 黄河,
dàpíngyuán dōngcè de Qí Lǔ gǔguó, dōng lín dàhǎi, xī kào Huánghé,
处于⁵ 古代 中国 东方 政治 经济 文化 的 中心。由于⁶
chǔyú gǔdài Zhōngguó dōngfāng zhèngzhì jīngjì wénhuà de zhōngxīn. Yóuyú
东方 是 太阳 升起 的 地方, 古代 中国人 认为 是 万物
dōngfāng shì tàiyáng shēngqǐ de dìfang, gǔdài Zhōngguórén rènwéi shì wànwù
交替, 初春 发生 的 地方。因此, 它 被 认为 是 一座 吉祥
jiāotì, chūchūn fāshēng de dìfang. Yīncǐ, tā bèi rènwéi shì yí-zuò jíxiáng
的 山。
de shān.

▲ 泰山——五岳独尊

語注

1. 幅员　　fúyuán　　領土の面積
2. 辽阔　　liáokuò　　果てしなく広い
3. 齐　　　Qí　　　齐。周代の国名。現在の山東省北部から河北省東南部にあった
4. 鲁　　　Lǔ　　　周代の国名。山東の曲阜（キョクフ）を都とした。孔子の生国
5. 处于　　chǔyú　　（ある状態に）身をおく
6. 由于～　yóuyú~　～なので

第十课　泰山

几千年来，历代帝王为了维护[7]自己的统治，为了向世人宣扬[8]自己的地位的正统性，都专程[9]来到泰山，在此举行封禅[10]祭天仪式。据文献记载，早[11]在先秦时代（公元前[12]221年前）就有七十二位君王到这里举行祭祀活动。后来秦始皇[13]、汉武帝[14]、唐高宗[15]等十多位皇帝也在这里举行过封禅大典。

就这样，泰山被神化了，成了国家昌盛、政权稳固的象征。

帝王看重泰山，文人墨客[16]也不甘[17]落后[18]，他们在这里留下了大量不朽的诗文和书法墨宝[19]。因此，人们说泰山是中国古代书法及石刻[20]艺术的博物馆。

▶ 泰山の登山道

7. 维护　wéihù　守る，保つ
8. 宣扬　xuānyáng　大いに宣伝する
9. 专程　zhuānchéng　わざわざ出かけて行く
10. 封禅　fēngshàn　古代，泰山において帝王が天地を祭ること
11. 早　zǎo　早くも
12. 公元前　gōngyuán-qián　紀元前
13. 秦始皇　Qín-Shǐhuáng　秦の始皇帝。第十一課基礎知識参照
14. 汉武帝　Hàn-Wǔdì　漢の武帝。前漢第7代皇帝，高祖劉邦の曾孫
15. 唐高宗　Táng-Gāozōng　唐の高宗。唐第3代皇帝
16. 文人墨客　wénrén-mòkè　詩人や書画の道にたずさわる人
17. 不甘　bùgān　甘んじない
18. 落后　luòhòu　（思想的，技術的に）立ち遅れる，落後する
19. 墨宝　mòbǎo　貴重な書または絵
20. 石刻　shíkè　石に刻字を施したり彫刻したもの

两千多年前,孔子²¹曾登泰山,孟子²²说他"登泰山而小天下"。以《史记》而名垂青史²³的司马迁²⁴也留下了"人固有一死,或重于泰山,或轻于鸿毛"的名言,激励着一代又一代人要胸怀大志,为国家利益和民族利益而奋斗。

在中国人心目中,泰山代表着高大、美好、高尚、坚毅²⁵。而当地老百姓²⁶也对泰山十分崇拜,认为山上的草木石头都很神奇²⁷,至今还传诵²⁸着"吃了泰山灵芝草²⁹,返老还童³⁰人不老"的谚语³¹。

泰山迷人的自然景观多不胜³²数,比如天柱峰、日观峰、百丈崖、望人松等;历史文化遗迹多达两千多处,有岱庙³³、普照寺³⁴、碧霞祠³⁵等等。

1987年,泰山被列入³⁶《世界遗产名录》。

---

21. 孔子 Kǒngzǐ コウシ。第十三課基礎知識参照
22. 孟子 Mèngzǐ モウシ(前372~前289)。魯の国の人。「人の本性は善である」とする性善説を唱えた
23. 名垂青史 míngchuíqīngshǐ 成語 名を歴史に残す
24. 司马迁 Sīmǎ-Qiān 司馬遷、シバセン。前漢の歴史家。中国古代伝説上の黄帝から、前漢の武帝まで、約二千数百年の歴史を叙述した紀伝体の史書『史記』130巻を完成させた。『史記』はこれ以後の歴代王朝の正史の規範となった
25. 坚毅 jiānyì 毅然とする
26. 老百姓 lǎobǎixìng 庶民、民衆
27. 神奇 shénqí 非常に不思議で、神秘的である
28. 传诵 chuánsòng 伝唱する
29. 灵芝草 língzhīcǎo 霊芝(レイシ)
30. 返老还童 fǎnlǎohuántóng 成語 老いてますます元気になる、若返る
31. 谚语 yànyǔ ことわざ
32. 不胜 búshèng ~しきれない
33. 岱庙 Dàimiào 岱廟。秦代に天の神を祀る場所として創建され、本殿の天覜睨殿(テンキョウデン)は、北京の故宮、曲阜の大成殿と並ぶ中国三大宮殿建築の一つ。封禅の儀式は岱廟と山頂の間で行われた
34. 普照寺 Pǔzhàosì 六朝時代の由緒ある寺
35. 碧霞祠 Bìxiácí 碧霞元君を祀る
36. 列入 lièrù ~の中に入れる

第十一课
秦始皇陵及兵马俑坑

基礎知識

　　始皇帝は姓は嬴（えい）、名前は政（せい）です。紀元前246年に即位、紀元前221年に、戦国六国（斉・楚・燕・韓・魏・趙）の最後に残った斉を滅ぼして中国を統一。それまで各国の君主の称号は「王」でしたが、大国の君主である自分に旧来の称号は相応しくないと考え、「皇帝」と名乗りました。そして自分の死後に自分のことを「始皇帝」と呼ばせ、その後は二世皇帝、三世皇帝と万世皇帝にいたるまで序数で呼ぶことに決めました。

　　始皇帝は宰相李斯の意見を受け入れて周朝の制度である封建制をやめ、より中央集権的な郡県制を導入しました。さらに始皇帝は、度量衡（度＝長さ、量＝体積、衡＝重さの単位）、貨幣、車輪の幅を統一し、漢字の字体も統一しました。また北方の遊牧民族匈奴の侵入を防ぐため、万里の長城の建造を命じました。しかし過酷な労働で数知れない命が失われたことは、容易に想像できるでしょう。

　　「焚書坑儒」も有名な話です。これは言論思想統制のために行ったもので、「焚書」とは、医薬や農業などの実用書を除くすべての書籍を焼却処分したこと、「坑儒」とは、咸陽（秦の都）の学者460余人を生き埋めにしたことを指します。

　　万里の長城の建造、宮殿の阿房宮造営、大量の兵馬俑を始めとする始皇帝陵の建設などによって膨大な人力と財力を使ったため、秦の国力は衰え、民衆の不満と怒りが高まり、秦王朝はわずか15年で崩壊してしまいます。始皇帝は残虐非道な暴君なのか、それとも中国を統一した英雄なのか、その論争は今も続いています。

本文

　　1974年春天，陕西省临潼县几位农民在打井的时候，挖出了一些破碎的陶片。一个隐藏了两千多年的巨大秘密被考古人员揭开了。

　　据史书记载，秦始皇13岁即位，即位后就开始修建陵园。丞相李斯主持规划设计，大将章邯监工，从全国征用七十多万人，历时38年才建成。陵墓大致呈方形，高76米，东西长346米，南北宽350米，占地面积120750平方米。陵园分为内城和外城两部分，总共有56.25平方公里，相当于78个故宫。

　　公元前210年，秦始皇暴崩。在入葬时，他的所有宫女和修造陵墓的工匠也都殉葬在了陵墓中。

　　考古人员经过一年多的勘探和发掘，发现在离秦始皇陵1500米的地方有一座规模庞大的兵马俑坑。它是一座陪葬坑，坑内埋藏着陶俑、陶马6000件，大小和真人、真马差不多。这就是一号坑。

　　1979年10月1日，即建国30周年那天，建在俑坑原址上的秦始皇兵马俑博物馆向国内外参观者开放。

　　一号坑呈长方形，东西长230米，南北宽62米，深约5米，总面积14260平方米，四面有斜坡门道。后来在一号坑左右两侧又各发现了一个兵马俑坑，也就是二号坑和三号坑。二号坑有陶俑、陶马1300余件，战车89辆；三号坑有陶俑68件，陶马4匹，战车1辆。除了这些珍贵的陶制文物以外，还出土了数万件实物兵器。

　　兵马俑数量惊人，艺术价值更让人惊叹。陶俑脸型、发型、体态、表情、年龄、服饰各不相同；陶马双耳竖立，有的张嘴嘶鸣，有的闭嘴静立。从少数陶俑残留的彩绘可以判断，当年的兵马俑都有鲜艳的彩绘。

　　1980年，秦始皇陵西侧又出土了大型车马2乘，装饰华丽，结构逼真，被誉为"青铜之冠"。

　　兵马俑是世界考古史上最伟大的发现之一，它可以同埃及金字塔和古希腊雕塑相媲美，被誉为"世界第八大奇迹"。

　　1987年，秦始皇陵及兵马俑坑被列入《世界遗产名录》。

本文を中国語で発音し、精読していきましょう。

1974年　春天，陕西省　临潼县¹　几位　农民　在　打井²　的
Yījiǔqīsì-nián chūntiān, Shǎnxī-shěng Líntóng-xiàn jǐ-wèi nóngmín zài dǎjǐng de

时候，挖出³了　一些　破碎　的　陶片。一个　隐藏了　两千多年　的
shíhou, wāchūle yìxiē pòsuì de táopiàn. Yíge yǐncángle liǎngqiānduō-nián de

巨大　秘密　被　考古　人员　揭开⁴了。
jùdà mìmì bèi kǎogǔ rényuán jiēkāi le.

　据　史书　记载，秦始皇　13岁　即位，即位　后　就　开始　修建⁵
Jù shǐshū jìzǎi, Qín-Shǐhuáng shísān-suì jíwèi, jíwèi hòu jiù kāishǐ xiūjiàn

陵园⁶。丞相⁷　李斯⁸　主持⁹　规划　设计，大将　章邯¹⁰　监工¹¹，从
língyuán. Chéngxiàng Lǐ-Sī zhǔchí guīhuà shèjì, dàjiàng Zhāng-Hán jiāngōng, cóng

全国　征用¹²　七十多万人，历时¹³　38年　才　建成。陵墓　大致¹⁴
quánguó zhēngyòng qīshíduōwàn-rén, lìshí sānshíbā-nián cái jiànchéng. Língmù dàzhì

呈　方形，高　76米¹⁵，东西　长　346米，南北　宽
chéng fāngxíng, gāo qīshíliù mǐ, dōngxī cháng sānbǎisìshíliù mǐ, nánběi kuān

350米，占地　面积　120750　平方米。陵园　分为
sānbǎiwǔshí mǐ, zhàndì miànjī shí'èrwànlíngqībǎiwǔshí píngfāngmǐ. Língyuán fēnwéi

内城　和　外城　两部分，总共　有　56.25　平方公里¹⁶，
nèichéng hé wàichéng liǎng-bùfen, zǒnggòng yǒu wǔshíliùdiǎn'èrwǔ píngfānggōnglǐ,

相当于　78个　故宫。
xiāngdāngyú qīshíbā-ge Gùgōng.

◀ 兵馬俑と兵馬俑坑

語注

1. 临潼县　Líntóng-xiàn　臨潼県，リンドウケン
2. 打井　dǎjǐng　井戸を掘る
3. 挖出　wāchū　掘り出す
4. 揭开　jiēkāi　明らかにする
5. 修建　xiūjiàn　建造する
6. 陵园　língyuán　陵墓を中心とした園林
7. 丞相　chéngxiàng　ジョウショウ。古代の執政の大臣で，君主を補佐した最高位の官吏
8. 李斯　Lǐ-Sī　リシ（？～前210）。始皇帝を助けて天下を統一。始皇帝没後，宦官（かんがん）に陥れられ，刑死
9. 主持　zhǔchí　司る，主管する
10. 章邯　Zhāng-Hán　ショウカン（？～前205）。前209年に中国初の農民反乱である陳勝・呉広の乱を鎮圧するなど，秦の名将の一人
11. 监工　jiāngōng　工事を監督する
12. 征用　zhēngyòng　徴用する
13. 历时　lìshí　（時間的に）続く，経過する
14. 大致　dàzhì　だいたい，おおよそ
15. 米　mǐ　メートル
16. 公里　gōnglǐ　キロメートル

公元前[17] 210年，秦始皇暴死[18]。在入葬时，他
Gōngyuán-qián èrbǎiyīshí-nián, Qín-Shǐhuáng bàosǐ. Zài rù zàng shí, tā
的所有[19]宫女和修造陵墓的工匠[20]也都殉葬在了陵墓中。
de suǒyǒu gōngnǚ hé xiūzào língmù de gōngjiàng yě dōu xùnzàngzàile língmù zhōng.

考古人员经过一年多的勘探[21]和发掘，发现在离
Kǎogǔ rényuán jīngguò yì-niánduō de kāntàn hé fājué, fāxiàn zài lí
秦始皇陵1500米的地方有一座规模庞大[22]的兵马俑坑。
Qín-Shǐhuáng-líng yìqiānwǔbǎi mǐ de dìfang yǒu yí-zuò guīmó pángdà de bīngmǎyǒng-kēng.
它是一座陪葬坑[23]，坑内埋藏着陶俑、陶马6000件，大小[24]和
Tā shì yí-zuò péizàng-kēng, kēng nèi máicángzhe táoyǒng、táomǎ liùqiān-jiàn, dàxiǎo hé
真人、真马差不多。这就是一号坑。
zhēn rén、zhēn mǎ chàbuduō. Zhè jiùshì yī-hào kēng.

1979年10月1日，即建国30周年那天，建在俑坑
Yījiǔqījiǔ-nián shí-yuè yī-rì, jí jiànguó sānshí-zhōunián nàtiān, jiànzài yǒng-kēng
原址[25]上的"秦始皇兵马俑博物馆"向国内外参观者
yuánzhǐshang de "Qín-Shǐhuáng bīngmǎyǒng bówùguǎn" xiàng guónèiwài cānguānzhě
开放。
kāifàng.

一号坑呈长方形，东西长230米，南北宽
Yī-hào kēng chéng chángfāngxíng, dōngxī cháng èrbǎisānshí mǐ, nánběi kuān
62米，深约5米，总面积14260平方米，
liùshí'èr mǐ, shēn yuē wǔ mǐ, zǒng miànjī yíwànsìqiān'èrbǎiliùshí píngfāngmǐ,
四面有斜坡[26]门道[27]。后来在一号坑左右两侧又各发现了
sìmiàn yǒu xiépō méndào. Hòulái zài yī-hào kēng zuǒyòu liǎngcè yòu gè fāxiànle

◀ 銅車馬

17.	公元前	gōngyuán-qián	紀元前	22.	庞大	pángdà	非常に大きい
18.	暴死	bàosǐ	急死する	23.	陪葬坑	péizàng-kēng	副葬坑
19.	所有	suǒyǒu	すべての	24.	大小	dàxiǎo	大きさ
20.	工匠	gōngjiàng	職人	25.	原址	yuánzhǐ	もとの場所
21.	勘探	kāntàn	（地下資源や埋蔵物を）調査する，探査する	26.	斜坡	xiépō	スロープ
				27.	门道	méndào	屋根つきの通路

一个兵马俑坑,也就是二号坑和三号坑。二号坑有陶俑、陶马1300余件,战车89辆。三号坑有陶俑68件,陶马4匹,战车1辆。除了[28]这些珍贵的陶制文物以外,还出土了数万件实物兵器。

兵马俑数量惊人[29],艺术价值更让人惊叹[30]。陶俑脸型、发型[31]、体态[32]、表情、年龄、服饰各不相同;陶马双耳竖立[33],有的张嘴[34]嘶鸣[35],有的闭嘴静立。从少数陶俑残留的彩绘[36]可以判断,当年的兵马俑都有鲜艳的彩绘。

1980年,秦始皇陵西侧又出土了大型车马2乘[37],装饰华丽,结构[38]逼真[39],被誉为"青铜之冠[40]"。

兵马俑是世界考古史上最伟大的发现之一,它可以同埃及[41]金字塔[42]和古希腊[43]雕塑相媲美[44],被誉为"世界第八大奇迹"。

1987年,秦始皇陵及兵马俑坑被列入[45]《世界遗产名录》。

---

28. 除了~以外,还…	chúle~yǐwài, hái… ~のほかに,さらに…		38. 结构	jiégòu 構造
29. 惊人	jīngrén 驚異的である		39. 逼真	bīzhēn 真に迫る,本物そっくりである
30. 惊叹	jīngtàn 驚嘆する		40. 青铜之冠	qīngtóng zhī guàn 青铜の冠。青銅器の最高傑作
31. 发型	fàxíng 髪型		41. 埃及	Āijí エジプト
32. 体态	tǐtài 姿,体つき		42. 金字塔	jīnzìtǎ ピラミッド
33. 竖立	shùlì 直立させる,立てる		43. 古希腊	gǔ-Xīlà 古代ギリシア
34. 张嘴	zhāngzuǐ 口を開く		44. 媲美	pìměi 〈書き言葉〉肩を並べる,匹敵する
35. 嘶鸣	sīmíng 馬がいななく		45. 列入	lièrù ~の中に入れる
36. 彩绘	cǎihuì 彩色			
37. 乘	shèng 4頭の馬がひく古代の車のかぞえ方			

第十二课
客家与"福建土楼"建筑群

● 基礎知識

中国には「客家（ハッカ）」と呼ばれる人々がいます。多民族国家である中国には現在56の民族がおり、「客家」はその1つだと誤解されがちですが、実は彼らは漢民族なのです。

彼らは遥か昔、戦乱から逃れるために華北、中原地方から南へ移住した人々で、移住先は現在の江西省、福建省、広東省、四川省、海南省、台湾などです。「客家」とはつまり「よそ者」という意味です。

「客家人」は家系を大事に守り続け、祖先信仰がとても強い人々です。そして「客家語」には古代漢語の語彙が多く残っています。その他、彼らのルーツは黄河文明の発祥地であるため、文化を崇め、教育を重視する伝統があります。

漢民族は基本的に農耕民族なので、商売が苦手ですし、商人を軽蔑する傾向があります。しかし「客家人」には、北から南へ大移動する過程で、商売をするという発想が生まれました。そのために、「客家人」は「東洋のユダヤ人」と呼ばれるほど商売の才能に長けています。また、古代から現代まで、優秀な政治家、軍人を輩出しています。

この他、特徴的なものとしては福建省の山間部に居住する「客家」の住宅があります。正方形、円形、八角形などの形をした集合住宅は'土楼'と呼ばれ、これは外部の襲撃から自分たちの生命、生活を守るために作られたものです。小さいものは数十人、大きいものは600人以上収容することができ、現在でも多くの人が'土楼'で生活しています。これらは2008年、'福建土楼'としてユネスコ世界遺産に登録されました。

● 本文

客家人被称为"东方的犹太人"，是汉族的一个分支，分布在世界各地。客家起源于西晋末年，当时为了逃避战乱，居住在中原地区的汉族居民不断地向南方迁徙，到达江西、广东、福建等地。他们在山区修建住宅，开垦土地，逐渐地演化成一个相对稳定的群体—客家。

后来，客家人又以梅州为基地，大量迁到南方各地及东南亚等地区。

主要以农耕为生的汉族本来是不擅长经商的，因为他们大多祖祖辈辈生活在同一块土地上，所以产生不了经商的念头，也看不起经商的人。然而，当客家人在从北向南迁徙的过程中，他们发现了南北物产的不同和价值的不同。比方说，北方盛产苹果，南方盛产橘子，苹果在南方是稀罕东西，橘子在北方是稀罕东西。于是他们自然会想到把苹果运到南方卖，把橘子运到北方卖，从中获取利益。久而久之，客家人积累了丰富的经商经验，当今香港、澳门和东南亚地区的大富豪中客家人占了相当大的比例。

由于客家人的源头在黄河文明的发祥地，他们有崇尚文化、重视教育的传统，因此英才辈出。远的不说，孙中山、朱德、邓小平、李登辉、李光耀等名人都是客家人。

客家人的住宅很有特色，尤其在福建省龙岩、漳州一带，分布着三千多座被称为"福建土楼"的建筑，有圆形、方形、八角形和椭圆形等形状。土楼规模宏大，小的可居住数十人，大的可容纳六百多人。土楼的造型也非常美，从空中俯瞰的话有的像古罗马圆形剧场，有的像神秘的古城堡。之所以要修建那样大规模的建筑，是因为背井离乡的客家人需要相互照应，共渡难关。由于建筑材料匮乏，他们就地取材，用当地的黏沙土建成了一座座宏伟的建筑—土楼。

2008年7月，"福建土楼"建筑群被列入《世界遗产名录》，成为中国第36处世界遗产。

本文を中国語で発音し、精読していきましょう。

客家人¹ 被 称为 "东方 的 犹太人²"，是 汉族 的
Kèjiārén bèi chēngwéi "dōngfāng de Yóutàirén", shì Hànzú de

一个 分支³，分布在 世界 各地。客家 起源于 西晋⁴ 末年，
yíge fēnzhī, fēnbùzài shìjiè gèdì. Kèjiā qǐyuányú Xī-Jìn mònián,

当时 为了 逃避 战乱，居住在 中原⁵ 地区 的 汉族 居民
dāngshí wèile táobì zhànluàn, jūzhùzài Zhōngyuán dìqū de Hànzú jūmín

不断 地 向 南方 迁徙⁶，到达 江西、广东、福建 等
búduàn de xiàng nánfāng qiānxǐ, dàodá Jiāngxī、Guǎngdōng、Fújiàn děng

地。他们 在 山区 修建⁷ 住宅，开垦⁸ 土地，逐渐⁹ 地
dì. Tāmen zài shānqū xiūjiàn zhùzhái, kāikěn tǔdì, zhújiàn de

演化¹⁰成 一个 相对¹¹ 稳定 的 群体——客家。
yǎnhuàchéng yíge xiāngduì wěndìng de qúntǐ —— Kèjiā.

后来，客家人 又 以¹² 梅州¹³ 为 基地，大量 迁到 南方
Hòulái, Kèjiārén yòu yǐ Méizhōu wéi jīdì, dàliàng qiāndào nánfāng

各地 及 东南亚¹⁴ 等 地区。
gèdì jí Dōngnányà děng dìqū.

主要 以¹⁵ 农耕 为生 的 汉族 本来 是 不 擅长¹⁶
Zhǔyào yǐ nónggēng wéishēng de Hànzú běnlái shì bú shàncháng

经商¹⁷ 的，因为 他们 大多 祖祖辈辈¹⁸·¹⁹ 生活在 同 一块
jīngshāng de, yīnwei tāmen dàduō zǔzǔbèibèi shēnghuózài tóng yí-kuài

土地上，所以 产生不了 经商 的 念头²⁰，也 看不起²¹
tǔdìshang, suǒyi chǎnshēngbuliǎo jīngshāng de niàntou, yě kànbuqǐ

经商 的 人。然而²²，当 客家人 在 从 北 向 南 迁徙 的
jīngshāng de rén. Rán'ér, dāng Kèjiārén zài cóng běi xiàng nán qiānxǐ de

語注

1. 客家人　Kèjiārén　ハッカ人
2. 犹太人　Yóutàirén　ユダヤ人
3. 分支　fēnzhī　一つの系統から分かれた部分
4. 西晋　Xī-Jìn　265年～316年
5. 中原　Zhōngyuán　黄河中・下流の地域
6. 迁徙　qiānxǐ　〈書き言葉〉転居する，移動する
7. 修建　xiūjiàn　建設する，建造する
8. 开垦　kāikěn　開墾する
9. 逐渐　zhújiàn　次第に，だんだんと
10. 演化　yǎnhuà　進展変化する
11. 相对　xiāngduì　比較的
12. 以A为B　yǐ A wéi B　AをBとする
13. 梅州　Méizhōu　バイシュウ（広東省）
14. 东南亚　Dōngnányà　東南アジア
15. 以～为生　yǐ~wéishēng　～で暮らしを立てる
16. 擅长　shàncháng　たけている，長じている
17. 经商　jīngshāng　商売する
18. 祖辈　zǔbèi　先祖，祖先
19. 祖祖辈辈　zǔzǔbèibèi　先祖代々
20. 念头　niàntou　考え
21. 看不起　kànbuqǐ　見下げる，軽視する
22. 然而　rán'ér　しかし，ところが

过程　　中，　他们　　发现了　　南北　　物产　　的　　不同　　和　价值　的
guòchéng zhōng, tāmen fāxiànle nán-běi wùchǎn de bùtóng hé jiàzhí de

不同。比方说[23]，北方　盛产　苹果，南方　盛产　橘子，
bùtóng. Bǐfāngshuō, běifāng shèngchǎn píngguǒ, nánfāng shèngchǎn júzi,

苹果　在　南方　是　稀罕[24]　东西，橘子　在　北方　是　稀罕
píngguǒ zài nánfāng shì xīhan dōngxi, júzi zài běifāng shì xīhan

东西。于是　他们　自然　会　想到　把　苹果　运到　南方　卖，
dōngxi. Yúshì tāmen zìrán huì xiǎngdào bǎ píngguǒ yùndào nánfāng mài,

把　橘子　运到　北方　卖，从中　获取　利益。久而久之[25]，
bǎ júzi yùndào běifāng mài, cóngzhōng huòqǔ lìyì. Jiǔ'érjiǔzhī,

客家人　积累了　丰富　的　经商　经验，当今　香港、澳门[26]　和
Kèjiārén jīlěile fēngfù de jīngshāng jīngyàn, dāngjīn Xiānggǎng、Àomén hé

东南亚　地区　的　大富豪　中　客家人　占了　相当　大　的　比例。
Dōngnányà dìqū de dàfùháo zhōng Kèjiārén zhànle xiāngdāng dà de bǐlì.

由于[27]　客家人　的　源头　在　黄河文明　的　发祥地，他们　有
Yóuyú Kèjiārén de yuántóu zài Huánghé-wénmíng de fāxiángdì, tāmen yǒu

崇尚　文化、重视　教育　的　传统，因此　英才　辈出。远
chóngshàng wénhuà、zhòngshì jiàoyù de chuántǒng, yīncǐ yīngcái bèichū. Yuǎn

的　不　说，孙中山[28]、朱德[29]、邓小平[30]、李登辉[31]、李光耀[32]
de bù shuō, Sūn-Zhōngshān、Zhū-Dé、Dèng-Xiǎopíng、Lǐ-Dēnghuī、Lǐ-Guāngyào

等　名人　都　是　客家人。
děng míngrén dōu shì Kèjiārén.

客家人　的　住宅　很　有　特色，尤其[33]　在　福建省　龙岩[34]、
Kèjiārén de zhùzhái hěn yǒu tèsè, yóuqí zài Fújiàn-shěng Lóngyán、

漳州[35]　一带，分布着　三千多座　被　称为"福建　土楼"的　建筑，
Zhāngzhōu yídài, fēnbùzhe sānqiānduō-zuò bèi chēngwéi "Fújiàn tǔlóu" de jiànzhù,

有　圆形、方形、八角形　和　椭圆形　等　形状。土楼
yǒu yuánxíng、fāngxíng、bājiǎoxíng hé tuǒyuánxíng děng xíngzhuàng. Tǔlóu

---

23. 比方说　bǐfāngshuō　例えば
24. 稀罕　xīhan　珍しい
25. 久而久之　jiǔ'érjiǔzhī　[成語]月日のたつうちに
26. 澳门　Àomén　マカオ
27. 由于～　yóuyú~　～によって
28. 孙中山　Sūn-Zhōngshān　ソンチュウザン
　　＝孙文。第二課、P.9 の語注 32 参照
29. 朱德　Zhū-Dé　シュトク（1886～1976）。
　　人民解放军の創立者。中華人民共和国建国の
　　功労者かつ元帥の1人
30. 邓小平　Dèng-Xiǎopíng　トウショウヘイ
　　（1904～1997）。第五課の基礎知識参照
31. 李登辉　Lǐ-Dēnghuī　リトウキ（1923～）。
　　台湾の政治家。1988年に台湾人として初め
　　て総統に就任。台湾の民主化を推進した
32. 李光耀　Lǐ-Guāngyào　リークワンユー
　　（1923～2015）。シンガポールの政治家。
　　広東省からの移民4世。1965年に首相とな
　　り、現在のシンガポール繁栄の基礎を創る
33. 尤其　yóuqí　特に
34. 龙岩　Lóngyán　龍岩, リュウガン（福建省）
35. 漳州　Zhāngzhōu　ショウシュウ（福建省）

规模宏大，小的可居住数十人，大的可容纳[36]六百多人。土楼的造型也非常美，从空中俯瞰的话有的像古罗马[38]圆形剧场，有的像神秘的古城堡[39]。之所以[40]要修建那样大规模的建筑，是因为背井离乡[41]的客家人需要相互照应[42]，共渡难关[43]。由于建筑材料匮乏[44]，他们就地[45]取材，用当地的黏沙土[46]建成了一座座宏伟[47]的建筑——土楼。

2008年7月，"福建土楼"建筑群被列入[48]《世界遗产名录》，成为中国第36处世界遗产。

▲ 客家土楼群

36. 容纳　róngnà　収容する
37. 有的～，有的…　yǒude~, yǒude…　～もあれば，…もある
38. 古罗马　gǔ-Luómǎ　古代ローマ
39. 城堡　chéngbǎo　砦（とりで）
40. 之所以A，是因为B　zhī suǒyǐ A, shì yīnwei B　AなのはBだからである
41. 背井离乡　bèijǐnglíxiāng　成語（やむをえず）故郷を離れて，他の地域で生活する。
42. 照应　zhàoying　世話をする，面倒を見る
43. 共渡难关　gòng dù nánguān　共に難関を切り抜ける
44. 匮乏　kuìfá　〈書き言葉〉欠乏する
45. 就地　jiùdì　その場で，現場で
46. 黏沙土　niánshātǔ　粘性の土沙
47. 宏伟　hóngwěi　雄大である，壮大である
48. 列入　lièrù　～の中に入れる

Zhōngguó

历史人物篇

第十三课　**孔子**
　　　　　Kǒngzǐ

第十四课　**屈原**
　　　　　Qū-Yuán

第十五课　**秦桧**
　　　　　Qín-Huì

第十六课　**鲁迅**
　　　　　Lǔ-Xùn

第十三课 孔子

基礎知識

『子曰く、学びて時にこれを習う、また説（よろこ）ばしからずや。朋（とも）あり遠方より来たる、また楽しからずや。人知らずして慍（うら）みず、また君子ならずや。』
（子曰、学而時習之、不亦説乎、有朋自遠方来、不亦楽乎、人不知而不慍、不亦君子乎。）

これは、およそ2500年前に孔子が述べた言葉で、日本人にもよく知られています。孔子と弟子や諸侯との問答を記録した『論語』の最初に出てくるものです（「学而篇」）。

孔子は紀元前551年に魯（現在の山東省曲阜市）に生まれました。時は春秋時代。魯の高官を短期間務めた後、孔子はたくさんの弟子を率いて諸国を周遊して、自分の思想を君主たちに遊説して回りました。その思想の中心は「仁」、「義」、「礼」で、「仁」は人間愛、「義」は正義感、「礼」は社会の規範のことです。後に孟子や漢の董仲舒によって「仁」、「義」、「礼」、「智」、「信」の「五常」という「儒教の思想」が確立されました。しかし、孔子の思想は君主たちに受け入れられず、晩年は失意のまま故国に戻りました。

孔子には3000人の弟子がいて、その中で特に優秀な賢人は72名いました。彼自身は史書『春秋』を編纂し、有名な『論語』は弟子たちが彼の言論を集めて編纂したものです。

漢代に入ると、孔子の思想は徐々に勢力を伸ばしていき、儒教は国教化されました。孔子には歴代の為政者から様々な'封号（爵号や称号）'が贈られました。

儒教が宗教であるかどうかは意見の分かれるところですが、どちらにしても、今も中国人の倫理道徳、生き方の指針として、生活の隅々まで浸透しています。

本文

孔子，名丘，字仲尼。在春秋战国时期，"子"是人们对有学识、有名望的人的尊称。他是鲁国人，生于公元前551年，卒于公元前479年。鲁国位于现在的山东省曲阜市。

孔子是中国古代伟大的思想家、政治家和教育家，是儒家学派的创始人，也是与古希腊哲学家苏格拉底、亚里士多德等齐名的世界文化名人。他编撰的《春秋》是中国第一部编年体史书，有着极为重要的史料价值。由孔子的弟子和再传弟子编写的《论语》，记载着他的言行思想，是一部闪耀着思想光芒的巨著。

孔子曾在鲁国担任过重要职务，颇有政绩。后来，对鲁国国君失望的他带领弟子们周游列国，宣扬他的以仁为核心，以礼为秩序的治国思想，但都没被想用武力夺取天下，进而成就霸业的各国君主接受。

孔子晚年回到鲁国后创办私学，广招弟子，致力于教育事业。据称他的弟子有3000人，其中精通六艺的贤人有颜回、子贡等72人。

孔子和战国时期儒家思想代表人物孟子并称"孔孟"，他们的思想不仅影响了当时和后世的中国人，也影响了世界。

他的仁说，体现了人道精神；他的礼说，是倡导秩序和制度。即便在21世纪的今天，仍然有重要意义。

他晚年的最高理想是实现"大同"，也就是谋求建立友爱互助，安居乐业，没有差异，没有战争的世界。

他主张"有教无类"，也就是说人不论贫富贵贱，出生在什么地方，都可以接受教育。他还说"性相近也，习相远也"，就是说人的本性是相近的，而后天养成的习性相互差异很大。

如果有兴趣，建议您去曲阜参观一下世界文化遗产"三孔"，即祀奉孔子的孔庙、孔子嫡系后裔居住的孔府、孔子及后裔的墓地孔林。相信您一定不会空手而归的。

本文を中国語で発音し、精読していきましょう。

孔子，名 丘，字¹ 仲尼。在 春秋、战国 时期²，
Kǒngzǐ, míng Qiū, zì Zhòngní. Zài Chūnqiū、Zhànguó shíqī,

"子" 是 人们 对 有 学识、有 名望³ 的 人 的
"zǐ" shì rénmen duì yǒu xuéshí、yǒu míngwàng de rén de

尊称。他 是 鲁国人，生于 公元前⁴ 551 年，
zūnchēng. Tā shì Lǔguórén, shēngyú gōngyuán-qián wǔbǎiwǔshíyī-nián,

卒⁵于 公元前 479 年。鲁国 位于 现在 的 山东省
zúyú gōngyuán-qián sìbǎiqīshíjiǔ-nián. Lǔguó wèiyú xiànzài de Shāndōng-shěng

曲阜市。
Qūfù-shì.

孔子 是 中国 古代 伟大 的 思想家、政治家 和
Kǒngzǐ shì Zhōngguó gǔdài wěidà de sīxiǎngjiā、zhèngzhìjiā hé

教育家，是 儒家 学派 的 创始人，也 是 与 古希腊⁶
jiàoyùjiā, shì Rújiā xuépài de chuàngshǐrén, yě shì yǔ gǔ-Xīlà

哲学家 苏格拉底⁷、亚里士多德⁸ 等 齐名⁹ 的 世界 文化 名人。
zhéxuéjiā Sūgélādǐ、Yàlǐshìduōdé děng qímíng de shìjiè wénhuà míngrén.

他 编撰 的 《春秋》 是 中国 第一部 编年体¹⁰ 史书，
Tā biānzhuàn de 《Chūnqiū》 shì Zhōngguó dì-yī-bù biānniántǐ shǐshū,

有着 极为 重要 的 史料 价值。由 孔子 的 弟子 和 再传
yǒuzhe jíwéi zhòngyào de shǐliào jiàzhí. Yóu Kǒngzǐ de dìzǐ hé zài chuán

弟子 编写 的 《论语》，记载着 他 的 言行 思想，是 一部
dìzǐ biānxiě de 《Lúnyǔ》, jìzǎizhe tā de yánxíng sīxiǎng, shì yí-bù

闪耀¹¹着 思想 光芒¹² 的 巨著。
shǎnyàozhe sīxiǎng guāngmáng de jùzhù.

孔子 曾 在 鲁国 担任过 重要 职务，颇 有 政绩¹³。
Kǒngzǐ céng zài Lǔguó dānrènguo zhòngyào zhíwù, pō yǒu zhèngjì.

語注

1. 字 zì あざな。中国で旧時，男子が成年後，実名のほかにつける別名
2. 春秋、战国时期 Chūnqiū、Zhànguó shíqī 春秋戦国時代（前770～前221）
3. 名望 míngwàng 名声と人望
4. 公元前 gōngyuán-qián 紀元前
5. 卒 zú 逝去する，死ぬ
6. 古希腊 gǔ-Xīlà 古代ギリシア
7. 苏格拉底 Sūgélādǐ ソクラテス
8. 亚里士多德 Yàlǐshìduōdé アリストテレス
9. 齐名 qímíng 名声を等しくする
10. 编年体 biānniántǐ 歴史編纂の方式の一つで，年月の順を追って事実を記すもの。『春秋』に始まる
11. 闪耀 shǎnyào きらめく
12. 光芒 guāngmáng 光，きらめき
13. 政绩 zhèngjì 政治的業績

后来，对鲁国国君失望的他带领弟子们周游列国，宣扬[14]他的以[15]仁为核心，以礼为秩序的治国思想，但都没被想用武力夺取天下，进而[16]成就霸业[17]的各国君主接受。

孔子晚年回到鲁国后创办私学，广招弟子，致力于教育事业。据称[18]他的弟子有3000人，其中精通六艺[19]的贤人有颜回[20]、子贡[21]等72人。

孔子和战国时期[22]儒家思想代表人物孟子[23]并称"孔孟"，他们的思想不仅[24]影响了当时和后世的中国人，也影响了世界。

▲ 山東省曲阜にある孔府

14. 宣扬 xuānyáng 大いに宣伝する
15. 以A为B yǐ A wéi B AをBとする
16. 进而 jìn'ér その上、さらに
17. 霸业 bàyè 覇権を制すること
18. 据称 jùchēng ～だそうだ
19. 六艺 liùyì 六芸、リクゲイ。周代の知識人が必ず学ぶべき科目と定められた6種の技芸。礼・楽・射・御（ギョ＝馬術）・書・数
20. 颜回 Yán-Huí ガンカイ（前514～前483）。孔門十哲の首位
21. 子贡 Zǐ-Gòng シコウ。孔門十哲の一人
22. 战国时期 Zhànguó shíqī 戦国時代（前475～前221）
23. 孟子 Mèngzǐ モウシ（前372～前289）。鲁の国の人。「人の本性は善である」とする性善説を唱えた
24. 不仅A，也B bùjǐn A, yě B Aだけでなく、Bでもある

他 的 仁 说，体现了 人道 精神；他 的 礼 说，是
Tā de rén shuō, tǐxiànle réndào jīngshén; Tā de lǐ shuō, shì
倡导²⁵ 秩序 和 制度。即便 在 21世纪 的 今天，仍然
chàngdǎo zhìxù hé zhìdù. Jíbiàn zài èrshíyī-shìjì de jīntiān, réngrán
有 重要 意义。
yǒu zhòngyào yìyì.

他 晚年 的 最高 理想 是 实现 "大同²⁶"，也 就是 谋求²⁷
Tā wǎnnián de zuìgāo lǐxiǎng shì shíxiàn "dàtóng", yě jiùshì móuqiú
建立 友爱 互助，安居乐业²⁸，没有 差异，没有 战争 的 世界。
jiànlì yǒu'ài hùzhù, ānjūlèyè, méiyǒu chāyì, méiyǒu zhànzhēng de shìjiè.

他 主张 "有教无类²⁹"，也 就是 说人 不论 贫 富 贵 贱，
Tā zhǔzhāng "yǒujiàowúlèi", yě jiùshì shuō rén búlùn pín fù guì jiàn,
出生在 什么 地方，都 可以 接受 教育。他 还 说 "性 相
chūshēngzài shénme dìfang, dōu kěyǐ jiēshòu jiàoyù. Tā hái shuō "xìng xiāng
近也，习 相 远 也"，就是 说 人 的 本性 是 相近 的，
jìn yě, xí xiāng yuǎn yě", jiùshì shuō rén de běnxìng shì xiāngjìn de,
而 后天 养成 的 习性 相互 差异 很 大。
ér hòutiān yǎngchéng de xíxìng xiānghù chāyì hěn dà.

如果 有 兴趣，建议 您 去 曲阜 参观 一下 世界文化遗产
Rúguǒ yǒu xìngqù, jiànyì nín qù Qūfù cānguān yíxià shìjiè-wénhuà-yíchǎn
"三孔"，即 祀奉 孔子 的 孔庙³⁰、孔子 嫡系 后裔 居住过 的 孔府³¹、
"sān-Kǒng", jí sìfèng kǒngzǐ de Kǒngmiào, Kǒngzǐ díxì hòuyì jūzhùguo de Kǒngfǔ,
孔子 及 后裔 的 墓地 孔林³²。相信 您 一定 不 会³³ 空手
Kǒngzǐ jí hòuyì de mùdì Kǒnglín. Xiāngxìn nín yídìng bú huì kōngshǒu
而 归³⁴ 的。
ér guī de.

13
孔子

◀孔子像の前で『論語』を朗読する煙台大学の学生たち

25.	倡导	chàngdǎo	唱え導く		
26.	大同	dàtóng	平等で自由な理想社会		
27.	谋求	móuqiú	追求する		
28.	安居乐业	ānjūlèyè	成語 安らかに暮らし、楽しく働く		
29.	有教无类	yǒujiàowúlèi	成語 教育する際に身分で区別しない		
30.	孔庙	Kǒngmiào	孔子と夫人および七十二賢人（孔子の弟子）を祀る場所		
31.	孔府	Kǒngfǔ	孔子の直系子孫の邸宅兼執務室		
32.	孔林	Kǒnglín	孔子一族の墓地		
33.	会	huì	～にちがいない		
34.	空手而归	kōngshǒu ér guī	手ぶらで帰る		

第十四课
屈原

● 基礎知識

『路は漫々として其れ修遠なり、吾将に上下して求索せんとす。』（路漫漫其修遠兮，吾将上下而求索）。これは、中国で二千年以上敬愛されてきた、詩人で政治家の屈原の詩です。『楚辞』という詩集の中に収められている、七言375句に及ぶ自伝的長編叙事詩「離騒」（「離」＝遭う、「騒」＝憂え、「憂えに遭う」という意味）の一部です。中国では，これまで多くの志ある者が、憂国の情を歌った屈原のこの詩を頭に浮かべながら、長い道のりを歩み、生涯奮闘してきました。

屈原は中国の戦国時代（前475～前221）の中ごろ、楚の国（長江中流域が本拠）に生まれました。優れた政治能力と文才の持ち主で、懐王の篤い信頼を受けて重用されました。しかし、屈原が生きた時代は、平和とは程遠い、「戦国七雄（斉、楚、秦、燕、韓、魏、趙）」が天下の覇権を争う時代でした。その中で最も勢力を伸ばしたのは秦でした。楚は、西の秦と同盟を結ぶことで安泰を得ようとする「親秦派」と、東の斉と同盟を結ぶことで秦に対抗しようとする「親斉派」に分かれていました。「親斉派」の筆頭であった屈原は、彼の才能に嫉妬していた「親秦派」から讒言（ざんげん）を受け、ついに懐王から遠ざけられ、国の形勢は「親秦派」に傾いてしまいました。そしてついに、楚は秦に滅ぼされ（前275年）、5月5日、屈原は国を憂えて汨羅江（べきらこう）に入水自殺します。屈原の死後、毎年命日になると、人々は彼の亡骸が魚に食われないよう、魚のえさとして笹の葉に米の飯を包んで川に投げ込んだそうです。これが中国の端午の節句（旧暦5月5日）に粽を食べる風習の由来です。また、この日に南方各地で行う伝統的な「賽龍舟（ドラゴンボートレース）」は、入水した屈原を救出するために民衆が先を争って舟を出したことに由来しています。

● 本文

屈原约生于公元前340年，卒于公元前278年，是战国末期楚国人。他是楚国的政治家，是中国历史上第一位伟大的诗人，也是中国浪漫主义文学奠基人。

屈原是楚武王的后代，早年深得楚怀王的信任，做到左徒的官职，常常同怀王商议国事，参与法律的制定，并主持外交事务。

经过长年累月的战争，春秋以来许多小国被消灭，逐渐形成了齐、楚、燕、韩、赵、魏、秦等七个诸侯国家，其中秦国和楚国最为强大。尤其是秦国，在进行了商鞅变法以后，国力日盛，连年攻击其他国家。

面对强大的秦国，其他六国都感到了威胁，逐渐认识到有联合起来抗秦的必要。在此背景下，出现了一批主张合纵的策士和一批主张连横的策士。所谓合纵，就是从燕国到楚国，南北合成一条直线，共同对抗西方的秦国。主张合纵的最著名的人物是苏秦。所谓连横，就是秦国同其他六国中的某一国结成联盟，连成一条横线，攻击其他国家。主张连横的最著名的人物是张仪。

屈原在内政上倡导"美政"，在外交上力主联齐抗秦。所谓"美政"，就是国君首先应该具有高尚的品德，并选贤任能，把国家治理得法制清明。但是，他受到了怀王身边一些贵族的嫉妒和排挤。他的主张没被采纳，还失去了怀王的信任，先后两次遭到流放。经过张仪的几番策动，楚国国力大大衰弱，也彻底失去了齐国的信任。到后来，怀王中计被秦国扣留，客死他乡。

在楚国行将灭亡的时候，屈原又悲愤又绝望，在汨罗江投水自尽。据说这天是5月5日，所以千百年来人们在这一天用赛龙舟、吃粽子、喝雄黄酒等风俗来纪念这位满腹爱国情感的诗人。说他是诗人，是因为他在流放期间写下了大量的诗歌，创立了被后人称为"骚体"的文体，留下了《离骚》、《九歌》、《天问》等不朽诗篇。

本文を中国語で発音し、精読していきましょう。

屈原[1] 约 生于 公元前[2] 340 年，卒[3]于 公元前
Qū-Yuán yuē shēngyú gōngyuán-qián sānbǎisìshí-nián, zúyú gōngyuán-qián
278 年，是 战国[4] 末期 楚国人。他 是 楚国 的 政治家，
èrbǎiqīshībā-nián, shì Zhànguó mòqī Chǔguórén. Tā shì Chǔguó de zhèngzhìjiā,
是 中国 历史上 第一位 伟大 的 诗人，也 是 中国 浪漫
shì Zhōngguó lìshǐshang dì-yī-wèi wěidà de shīrén, yě shì Zhōngguó làngmàn
主义 文学 奠基[5]人。
zhǔyì wénxué diànjīrén.

屈原 是 楚武王 的 后代[6]，早年 深得 楚怀王 的
Qū-Yuán shì Chǔ-Wǔwáng de hòudài, zǎonián shēndé Chǔ-Huáiwáng de
信任，做到 左徒[7] 的 官职，常常 同 怀王 商议[8] 国事，
xìnrèn, zuòdào zuǒtú de guānzhí, chángcháng tóng Huáiwáng shāngyì guóshì,
参与 法律 的 制定，并 主持[9] 外交 事务。
cānyù fǎlǜ de zhìdìng, bìng zhǔchí wàijiāo shìwù.

经过 长年累月[10] 的 战争，春秋[11] 以来 许多 小国
Jīngguò chángniánlěiyuè de zhànzhēng, Chūnqiū yǐlái xǔduō xiǎoguó
被 消灭，逐渐[12] 形成了 齐、楚、燕、韩、赵、魏、秦
bèi xiāomiè, zhújiàn xíngchéngle Qí, Chǔ, Yān, Hán, Zhào, Wèi, Qín
等 七个 诸侯 国家，其中 秦国 和 楚国 最为[13] 强大。
děng qī-ge zhūhóu guójiā, qízhōng Qínguó hé Chǔguó zuìwéi qiángdà.
尤其[14] 是 秦国，在 进行了 商鞅 变法[15]以后，国力 日 盛，
Yóuqí shì Qínguó, zài jìnxíngle Shāng-Yāng biànfǎ yǐhòu, guólì rì shèng,
连年 攻击 其他 国家。
liánnián gōngjī qítā guójiā.

面对 强大 的 秦国，其他 六国 都 感到了 威胁[16]，逐渐
Miànduì qiángdà de Qínguó, qítā liù-guó dōu gǎndàole wēixié, zhújiàn

語注

1. 屈原　Qū-Yuán　クツゲン
2. 公元前　gōngyuán-qián　紀元前
3. 卒　zú　逝去する，死ぬ
4. 战国　Zhànguó　戦国時代のこと（前475～前221）
5. 奠基　diànjī　礎を築く
6. 后代　hòudài　子孫
7. 左徒　zuǒtú　古代の官名。遠まわしにいさめる役目
8. 商议　shāngyì　協議する
9. 主持　zhǔchí　司る
10. 长年累月　chángniánlěiyuè　成語　長い年月
11. 春秋　Chūnqiū　春秋時代のこと（前770～前476）
12. 逐渐　zhújiàn　次第に，だんだんと
13. 最为　zuìwéi　最も，一番
14. 尤其　yóuqí　特に
15. 商鞅变法　Shāng-Yāng biànfǎ　商鞅（ショウオウ）は戦国時代の政治家（?～前338）。法家の学説を学んで秦に赴き，富国強兵・中央集権をめざすために実施した改革のことを言う
16. 威胁　wēixié　脅威

认识到有联合起来抗秦的必要。在此背景下，出现了一批[17]主张合纵的策士[18]和一批主张连横的策士。所谓合纵，就是从燕国到楚国，南北合成一条直线，共同对抗西方的秦国。主张合纵的最著名的人物是苏秦[19]。所谓连横，就是秦国同其他六国中的某一国结成联盟，连成一条横线，攻击其他国家。主张连横的最著名的人物是张仪[20]。

屈原在内政上倡导[21]"美政"，在外交上力主[22]联齐抗秦。所谓"美政"，就是国君首先应该具有高尚的品德[23]，并选贤任能[24]，把国家治理[25]得法制清明。但是，他受到了怀王身边一些贵族的嫉妒

◀ 湖南省汨罗市
屈子祠内的屈
原像

17. 批　　pī　　ひとまとまりの物や人を数える量詞
18. 策士　　cèshì　　好んで策略を用いる人
19. 苏秦　　Sū-Qín　　蘇秦，ソシン。生没年不詳
20. 张仪　　Zhāng-Yí　　張儀，チョウギ（?～前310）
21. 倡导　　chàngdǎo　　唱え導く
22. 力主　　lìzhǔ　　精一杯主張する
23. 品德　　pǐndé　　人德
24. 选贤任能　　xuǎnxiánrènnéng　　成語 人德，能力のある人を選抜し任用すること
25. 治理　　zhìlǐ　　統治する，管理する

和 排挤[26]。他 的 主张 没 被 采纳[27]，还 失去了 怀王
hé páijǐ. Tā de zhǔzhāng méi bèi cǎinà, hái shīqùle Huáiwáng

的 信任，先后 两次 遭到 流放[28]。经过 张仪 的 几番[29] 策动[30]，
de xìnrèn, xiānhòu liǎng-cì zāodào liúfàng. Jīngguò Zhāng-Yí de jǐ-fān cèdòng,

楚国 国力 大大 衰弱，也 彻底 失去了 齐国 的 信任。到
Chǔguó guólì dàdà shuāiruò, yě chèdǐ shīqùle Qíguó de xìnrèn. Dào

后来，怀王 中计[31] 被 秦国 扣留[32]，客死 他乡。
hòulái, Huáiwáng zhòngjì bèi Qínguó kòuliú, kèsǐ tāxiāng.

在 楚国 行将[33] 灭亡[34] 的 时候，屈原 又[35] 悲愤 又 绝望，
Zài Chǔguó xíngjiāng mièwáng de shíhou, Qū-Yuán yòu bēifèn yòu juéwàng,

在 汨罗江[36] 投水 自尽。据说 这天 是 5月 5日，所以 千百
zài Mìluójiāng tóushuǐ zìjìn. Jùshuō zhè-tiān shì wǔ-yuè wǔ-rì, suǒyǐ qiānbǎi-

年 来 人们 在 这 一天 用[37] 赛龙舟[38]、吃 粽子[39]、喝 雄黄酒[40]
nián lái rénmen zài zhè yì-tiān yòng sàilóngzhōu、 chī zòngzi、 hē xiónghuángjiǔ

等 风俗 来 纪念 这位 满腹[41] 爱国 情感 的 诗人。说 他
děng fēngsú lái jìniàn zhè-wèi mǎnfù àiguó qínggǎn de shīrén. Shuō tā

是 诗人，是 因为 他 在 流放 期间 写下了 大量 的 诗歌，
shì shīrén, shì yīnwei tā zài liúfàng qījiān xiěxiàle dàliàng de shīgē,

创立了 被 后人 称为"骚体[42]"的 文体，留下了《离骚》、《九歌》、
chuànglìle bèi hòurén chēngwéi "Sāotǐ" de wéntǐ, liúxiàle 《Lísāo》、《Jiǔgē》、

《天问》 等 不朽 诗篇。
《Tiānwèn》 děng bùxiǔ shīpiān.

◀ ドラゴンボートレースの風景

26. 排挤　páijǐ　排除
27. 采纳　cǎinà　聞き入れる
28. 流放　liúfàng　流刑に処する
29. 番　fān　回数を数える数え方
30. 策动　cèdòng　画策
31. 中计　zhòngjì　策略にはまる
32. 扣留　kòuliú　勾留する
33. 行将　xíngjiāng　まさに…しようとする
34. 灭亡　mièwáng　滅亡する
35. 又A又B　yòu A yòu B　AでもありまたBでもある
36. 汨罗江　Mìluójiāng　汨羅江，ベキラコウ。中国湖南省北東部を流れる川
37. 用A来B　yòng A lái B　Aを用いてBする
38. 赛龙舟　sàilóngzhōu　ドラゴンボートレース
39. 粽子　zòngzi　ちまき
40. 雄黄酒　xiónghuángjiǔ　雄黄という鉱物を入れた酒。解毒作用があるとされており，子どもに塗って魔除けにもする
41. 满腹　mǎnfù　胸にあふれんばかり
42. "骚体"　Sāotǐ　「離騷」の形式を模した，古典文学の体裁の一つ

第十五课 秦桧

基礎知識

　　もし中国人に、中国の歴史上最も悪い男は誰だと聞いたら、おそらくほとんどの人が「秦檜（シンカイ）」と答えるでしょう。これは、約850年前に下された人物評価が現在でも一貫して変わっていないということです。では秦檜とはどのような人物だったのでしょうか。

　　秦檜（1090～1155）は、北宋時代（960～1127）、地方官吏の家庭に生まれ、若い頃は貧乏な田舎教師でした。彼はのちに科挙試験に合格して役人になりました。しかしこの頃、以前から宋に攻めてきていた金国の攻勢は止まず、主戦派の「岳飛（ガクヒ）」（1103～1141）は金国との抗戦を主張して連戦連勝の勢いにありました。これに対して秦檜は、金との講和を主張し、さらに岳飛に謀反を企てたとの罪を着せて逮捕し、獄中で毒殺しました。秦檜の死後、岳飛の無実は明らかにされ、「王」の称号を受けて、現在の杭州に「岳王廟」が建てられました。一方、秦檜は「漢奸（カンカン）」と呼ばれ、「裏切り者、売国奴」という評価が下されました。

　　元代に編纂された「宋史」では、秦檜は「姦臣伝」（姦＝奸）に入れられています。また明代になると、杭州の岳王廟の前には、ひざまずき、後ろ手に縛られた秦檜夫妻の像が造られました。そして、現在それはまるで檻に入れられているように鉄柵に囲まれています。「ツバを吐きかけないように」という注意書きが掛かっていても、一向に効き目がないそうです。

　　儒教の国、中国においては、一度定まった「岳飛＝民族の英雄」、「秦檜＝民族の裏切り者」という評価は、今後も変わることはないでしょう。

本文

　　秦桧生于1090年，卒于1155年，江宁人。他是中国南北宋朝期间的一个传奇式的人物，也是中国历史上最大的奸臣之一。秦桧这两个字几乎成了汉奸、卖国贼的代名词。

　　那么秦桧究竟是怎样一个人物呢？他早年曾在乡下的私塾任教，但乡村教师收入微薄，生活很不富裕。他说："若得水田三百亩，这番不做猢狲王。"后来，秦桧中了进士，靠着才气、权谋不断获得升迁，两度出任南宋宰相，执掌朝廷大权19年。

　　北宋末年，北方少数民族女真族建立的金国日益强大，1125年，金灭辽国，紧接着大举南下，进攻宋朝。身为朝廷高官的秦桧起初是主张抗金的，为此，他和宋徽宗、宋钦宗一起沦为金军俘虏，被劫持到金国。1127年，北宋灭亡。

　　秦桧后来回到南宋，辅佐宋高宗。面对咄咄逼人的金军，朝廷文武官员中有的主张坚决抵抗，如岳飞、韩世忠等；有的主张议和，秦桧便是代表人物。为了达到议和目的，讨好金国，秦桧竟然以"莫须有"的罪名杀害了岳飞。"莫须有"的意思是"难道没有吗"。可见秦桧为了陷害忠良，居然不择手段。

　　在秦桧死去几年后，朝廷迫于主战派压力，为岳飞平反昭雪。残害岳飞的罪魁祸首秦桧从此背上了千古骂名。

　　明朝的时候，人们在杭州岳飞墓前铸造了秦桧、秦桧之妻王氏等迫害岳飞的四人跪像，意思是让他们永远向岳飞低头认罪。清朝的时候，有一位秦姓文人在这儿作诗：人从宋后少名桧，我到坟前愧姓秦。

　　2005年，艺术家金锋为秦桧夫妇塑造了两尊站像，在上海一家艺术馆展出。前来参观者有人认为从跪像到站像体现了社会的进步和现代人权思想，但大多数则不以为然，认为是对历史的歪曲和亵渎。在各种媒体上如潮般的谴责声中，展览被迫草草收场了。

本文を中国語で発音し、精読していきましょう。

秦桧[1] 生于 1090 年，卒[2]于 1155 年，江宁[3]人。
Qín-Huì shēngyú yīlíngjiǔlíng-nián, zúyú yīyīwǔwǔ-nián, Jiāngníngrén.

他 是 中国 南北宋朝[4] 期间 的 一个 传奇式[5] 的 人物，
Tā shì Zhōngguó NánBěiSòng-cháo qījiān de yíge chuánqíshì de rénwù,

也 是 中国 历史上 最 大 的 奸臣[6] 之 一。秦桧 这 两个 字
yě shì Zhōngguó lìshǐshang zuì dà de jiānchén zhī yī. Qín-Huì zhè liǎng-ge zì

几乎 成了 汉奸[7]、卖国贼[8] 的 代名词。
jīhū chéngle hànjiān, màiguózéi de dàimíngcí.

那么 秦桧 究竟[9] 是 怎样 一个 人物 呢? 他 早年[10] 曾 在
Nàme Qín-Huì jiūjìng shì zěnyàng yíge rénwù ne? Tā zǎonián céng zài

乡下 的 私塾 任教，但 乡村 教师 收入 微薄，生活 很 不
xiāngxià de sīshú rènjiào, dàn xiāngcūn jiàoshī shōurù wēibó, shēnghuó hěn bú

富裕。他 说："若[11] 得 水田 三百 亩[12]，这 番[13] 不 做 猢狲王[14]"。
fùyù. Tā shuō: "Ruò dé shuǐtián sānbǎi-mǔ, zhè-fān bú zuò húsūnwáng".

后来，秦桧 中[15] 了 进士[16]，靠[17]着 才气、权谋 不断 获得 升迁[18]，
Hòulái, Qín-Huì zhòngle jìnshì, kàozhe cáiqì, quánmóu búduàn huòdé shēngqiān,

两度 出任[19] 南宋 宰相[20]，执掌 朝廷 大权 19 年。
liǎng-dù chūrèn NánSòng zǎixiàng, zhízhǎng cháotíng dàquán shíjiǔ-nián.

北宋 末年，北方 少数民族 女真族 建立 的 金国
BěiSòng mònián, běifāng shǎoshù-mínzú Nǚzhēnzú jiànlì de Jīnguó

◀秦檜夫妻の半裸像

◀金鋒氏の秦檜夫妻立像

語注

1. 秦桧　Qín-Huì　秦檜，シンカイ
2. 卒　zú　逝去する，死ぬ
3. 江宁　Jiāngníng　江寧，コウネイ。現在の南京
4. 南北宋朝　NánBěiSòng-cháo　南北宋朝（960～1279）
5. 传奇式　chuánqíshì　伝奇的な
6. 奸臣　jiānchén　悪だくみをする家臣
7. 汉奸　hànjiān　国賊，民族の裏切り者
8. 卖国贼　màiguózéi　売国奴
9. 究竟　jiūjìng　結局，いったい
10. 早年　zǎonián　若いころ
11. 若　ruò　もしも
12. 亩　mǔ　土地面積の単位。"一亩" = 6.667アール
13. 番　fān　回数を数える数え方
14. 猢狲王　húsūnwáng　旧時，村塾の教師の蔑称（"猢狲"はアカゲザル）
15. 中　zhòng　合格する
16. 进士　jìnshì　進士。科挙の最終試験に合格した者
17. 靠　kào　頼る
18. 升迁　shēngqiān　昇進する
19. 出任　chūrèn　〈書き言葉〉官職を担当する
20. 宰相　zǎixiàng　君主を補佐する最高位の大臣

日益强大，1125年，金灭²¹辽国²²，紧接着²³大举南下，进攻宋朝。身为朝廷高官的秦桧起初²⁴是主张抗金的，为此，他和宋徽宗²⁵、宋钦宗²⁶一起沦为²⁷金军俘虏，被劫持²⁸到金国。1127年，北宋灭亡。

秦桧后来回到南宋，辅佐宋高宗²⁹。面对咄咄逼人³⁰的金军，朝廷文武官员中有的³¹主张坚决抵抗，如岳飞³²、韩世忠³³等；有的主张议和³⁴，秦桧便是代表人物。为了达到议和目的，讨好³⁵金国，秦桧竟然³⁶以"莫须有"³⁷的罪名杀害了岳飞。"莫须有"的意思是"难道³⁸没有吗？"。可见秦桧为了陷害³⁹忠良⁴⁰，居然⁴¹不择手段。

在秦桧死去几年后，朝廷迫于主战派压力，为岳飞平反⁴²昭雪⁴³。残害⁴⁴岳飞的罪魁祸首⁴⁵秦桧从此背上了

---

21. 灭　　　miè　　　滅ぼす
22. 辽国　　Liáoguó　　遼（916～1125）。契丹（キッタン）族が中国東北部を中心に建てた国
23. 紧接着　jǐnjiēzhe　引き続いて
24. 起初　　qǐchū　　　最初、はじめ
25. 宋徽宗　Sòng-Huīzōng　ソウキソウ。北宋の第8代皇帝
26. 宋钦宗　Sòng-Qīnzōng　ソウキンソウ。徽宗の息子で、北宋の第9代皇帝
27. 沦为　　lúnwéi　　　～に成り下がる
28. 劫持　　jiéchí　　　拉致する
29. 宋高宗　Sòng-Gāozōng　ソウコウソウ。钦宗の弟。钦宗のあと、南宋の皇帝に即位
30. 咄咄逼人　duōduōbīrén　成語 すごい勢いで迫る
31. 有的A，有的B　yǒude A, yǒude B　Aな人もいれば、Bの人もいる
32. 岳飞　　Yuè-Fēi　　岳飛、ガクヒ
33. 韩世忠　Hán-Shìzhōng　韓世忠、カンセイチュウ（1088～1151）。秦檜の策略によって兵権を奪われ、失意のうちに死亡した
34. 议和　　yìhé　　　　和平交渉する
35. 讨好　　tǎohǎo　　　機嫌を取る
36. 竟然　　jìngrán　　　意外にも
37. 莫须有　mòxūyǒu　　あるかも知れない、でっちあげの
38. 难道～吗？　nándào~ma？　まさか～ではあるまい〈反語〉
39. 陷害　　xiànhài　　陥れる
40. 忠良　　zhōngliáng　忠臣
41. 居然　　jūrán　　　思いがけず、意外にも
42. 平反　　píngfǎn　　判決を見直す、名誉回復する
43. 昭雪　　zhāoxuě　　〈書き言葉〉冤罪をすすぐ
44. 残害　　cánhài　　　殺害する
45. 罪魁祸首　zuìkuíhuòshǒu　成語 悪事の張本人

历史人物篇

千古⁴⁶ 骂名⁴⁷。
qiāngǔ màmíng.

明朝⁴⁸ 的 时候, 人们 在 杭州 岳飞墓 前 铸造了
Míng-cháo de shíhou, rénmen zài Hángzhōu Yuè-Fēi-mù qián zhùzàole

秦桧、秦桧 之 妻 王氏 等 迫害 岳飞 的 四人 跪像,
Qín-Huì、Qín-Huì zhī qī Wángshì děng pòhài Yuè-Fēi de sì-rén guìxiàng,

意思 是 让 他们 永远 向 岳飞 低头 认罪。清朝⁴⁹ 的 时候,
yìsi shì ràng tāmen yǒngyuǎn xiàng Yuè-Fēi dītóu rènzuì. Qīng-cháo de shíhou,

有 一位 秦 姓 文人 在 这儿 作 诗:人 从 宋 后 少 名 桧,
yǒu yí-wèi Qín xìng wénrén zài zhèr zuò shī: Rén cóng Sòng hòu shǎo míng Huì,

我 到 坟 前 愧⁵⁰ 姓 秦。
wǒ dào fén qián kuì xìng Qín.

2005年, 艺术家 金锋 为 秦桧 夫妇 塑造了 两尊⁵¹
Èrlínglíngwǔ-nián, yìshùjiā Jīn-Fēng wèi Qín-Huì fūfù sùzàole liǎng-zūn

站像, 在 上海 一家 艺术馆 展出。前来⁵² 参观者 有 人
zhànxiàng, zài Shànghǎi yì-jiā yìshùguǎn zhǎnchū. Qiánlái cānguānzhě yǒu rén

认为 从 跪像 到 站像 体现了 社会 的 进步 和 现代 人权
rènwéi cóng guìxiàng dào zhànxiàng tǐxiànle shèhuì de jìnbù hé xiàndài rénquán

思想, 但 大多数 则 不以为然⁵³, 认为 是 对 历史 的 歪曲 和 亵渎⁵⁴。
sīxiǎng, dàn dàduōshù zé bùyǐwéirán, rènwéi shì duì lìshǐ de wāiqū hé xièdú.

在 各种 媒体⁵⁵ 上 如 潮 般⁵⁶ 的 谴责⁵⁷ 声 中, 展览 被迫⁵⁸
Zài gèzhǒng méitǐshang rú cháo bān de qiǎnzé shēng zhōng, zhǎnlǎn bèipò

草草⁵⁹ 收场了。
cǎoǎo shōuchǎngle.

◀ 杭州岳王廟内の岳飛像

46.	千古	qiāngǔ	長い間, 永遠（に）		
47.	骂名	màmíng	悪名, 汚名		
48.	明朝	Míng-cháo	1368～1644		
49.	清朝	Qīng-cháo	1616～1911		
50.	愧	kuì	恥ずかしく思う		
51.	尊	zūn	彫像を数える数え方		
52.	前来	qiánlái	〈書き言葉〉来る		
53.	不以为然	bùyǐwéirán	成语 そうとは思わない		
54.	亵渎	xièdú	冒とく		
55.	媒体	méitǐ	メディア		
56.	～般	bān	～のように, ～のような		
57.	谴责	qiǎnzé	激しく責める, 非難する		
58.	被迫	bèipò	強要される		
59.	草草	cǎoǎo	あわただしく		

第十六课 鲁迅

● 基礎知識

　　魯迅（ロジン）は清朝（1616～1911）末期の1881年、浙江省紹興の裕福な知識階級の家に生まれました。しかし13歳の時、祖父が科挙試験の汚職事件で投獄され、まもなく父親も病気で倒れ、家は没落しました。そして父親の病気治療のため、高額な漢方薬を買いましたが、結局父親は病気が治らず、他界してしまいました。このような体験から、魯迅は漢方医学に強い不信感を抱き、西洋医学を学ぶため、1904年、日本の仙台医学専門学校（現東北大学医学部）に入学しました。1906年（日露戦争が終わった翌年）のある日、学校の細菌学教室で、魯迅の人生を変える出来事が起こりました。講義終了後、教室でスライドが上映され、日露戦争勝利の場面が次々と映し出されました。その中に、ロシア軍のスパイとして日本軍に捕らえられた中国人が銃殺されるシーンがありました。もちろんこのスライドを見ていた日本人の学生は、この銃殺の場面に拍手喝采しました。このスライドには、銃殺される中国人をその回りでのんびりと見学している中国人も映っており、その中国人達も拍手喝采していたのです。これを見た魯迅は強い衝撃を受けました。彼は「中国人は精神を病んでいる」、「中国人を救うのは医学ではない」、「民族を救うためには文学による精神改造が必要である」と考え、学校を中退して、文筆活動に没頭しました。1909年に帰国した魯迅は、陳独秀を中心とした「新文化運動」に参加し、儒教の旧道徳や旧文化を打破して、民主的で科学的な精神による新しい社会を築こうとしました。そして1918年、雑誌『新青年』に中国最初の口語体小説である『狂人日記』を発表し、文筆活動を本格化していきました。

　　1936年に55歳で病没するまで満身創痍で戦いつづけた魯迅は、中国人に最も尊敬されている作家で、「民族の魂」と称されています。

● 本文

　　鲁迅，原名周树人，1881年出生于浙江绍兴，1936年病逝于上海。他是杰出的文学家、思想家、政治家，被称为"民族魂"，是最受海内外华人尊敬，蜚声世界文坛的现代作家。

　　鲁迅的少年时代，由于家道中落，他早早地和母亲一起承担起了生活的重担。为了给患病的父亲治病，他常常拿着母亲的衣服饰物等去当铺，然后揣着变卖来的钱去药店买药。但他父亲还是因肺结核过早地离开了人世。

　　鲁迅18岁时到南京的"洋学堂"读书，因成绩优异，毕业后获得了到日本公费留学的机会。1902年，他东渡日本，先在东京弘文学院补习日语，后到仙台医科专门学校学医。他之所以选择攻读医学，是因为他觉得中医不可靠，只有西医才能医治病人，改善中国人的身体状况。

　　然而，日俄战争的爆发及日军的胜利，促使他弃医从文，返回东京写文章、办杂志，从事文学活动。1909年，他从日本回国，在家乡担任了一段时间中学教员后前往北京，到教育部任职。1918年，他在《新青年》杂志上发表了白话小说《狂人日记》。这篇小说不仅是他的第一篇白话小说，也是中国最早的现代白话小说。从此，他创作了《阿Q正传》、《祝福》、《故乡》等脍炙人口的作品。

　　鲁迅在文学创作、文学批评、文学史研究、翻译、美学理论引进等诸多领域有重大贡献。最突出的贡献，应该说是他开创的杂文这一文体。杂文富有自由性、批判性、战斗性，用他的话说"是匕首，是投枪"，是他同当时的统治者、封建礼教和旧传统作斗争的武器。他留下了《热风》、《坟》、《三闲集》等16部杂文集。

　　鲁迅一生追求自由民主，并为之奋斗。他抗议北洋军阀政权对爱国学生的镇压，反对日本军国主义对中国的侵略，是一位特立独行的知识分子。

本文を中国語で発音し、精読していきましょう。

鲁迅，原名[1] 周树人，1881年 出生于 浙江 绍兴，
Lǔ-Xùn, yuánmíng Zhōu-Shùrén, yībābāyī-nián chūshēngyú zhèjiāng Shàoxīng,

1936年 病逝于 上海。
yījiǔsānliù-nián bìngshìyú Shànghǎi,

他 是 杰出[2] 的 文学家、思想家、政治家，被 称为 "民族魂"，
Tā shì jiéchū de wénxuéjiā、sīxiǎngjiā、zhèngzhìjiā, bèi chēngwéi "mínzú-hún",

是 最 受 海内外 华人 尊敬，蜚声[3] 世界 文坛 的 现代 作家。
shì zuì shòu hǎinèiwài huárén zūnjìng, fēishēng shìjiè wéntán de xiàndài zuòjiā.

鲁迅 的 少年 时代，由于[4] 家道[5] 中落[6]，他 早早 地 和 母亲
Lǔ-Xùn de shàonián shídài, yóuyú jiādào zhōngluò, tā zǎozǎo de hé mǔqin

一起 承担起了 生活 的 重担。为了 给 患病 的 父亲 治病，
yìqǐ chéngdānqǐle shēnghuó de zhòngdàn. Wèile gěi huànbìng de fùqin zhìbìng,

他 常常 拿着 母亲 的 衣服 饰物 等 去 当铺[7]，然后 揣[8]着
tā chángcháng názhe mǔqin de yīfu shìwù děng qù dàngpu, ránhòu chuāizhe

变卖[9]来 的 钱 去 药店 买 药。但 他 父亲 还是 因 肺结核
biànmàilai de qián qù yàodiàn mǎi yào. Dàn tā fùqin háishi yīn fèi-jiéhé

过早[10] 地 离开了 人世。
guòzǎo de líkāile rénshì.

鲁迅 18岁 时 到 南京 的 "洋学堂[11]" 读书，因 成绩 优异[12]，
Lǔ-Xùn shíbā-suì shí dào Nánjīng de "yángxuétáng" dúshū, yīn chéngjì yōuyì,

毕业 后 获得了 到 日本 公费 留学 的 机会。1902年，他
bìyè hòu huòdéle dào Rìběn gōngfèi liúxué de jīhuì. Yījiǔlíng'èr-nián, tā

东渡 日本，先 在 东京 弘文学院[13] 补习 日语，后 到
dōngdù Rìběn, xiān zài Dōngjīng Hóngwénxuéyuàn bǔxí Rìyǔ, hòu dào

語注

1. 原名　yuánmíng　本名
2. 杰出　jiéchū　傑出している，抜きん出る
3. 蜚声　fēishēng　名を揚げる
4. 由于～　yóuyú~　～によって，～なので
5. 家道　jiādào　暮らし向き
6. 中落　zhōngluò　落ちぶれる
7. 当铺　dàngpu　質屋
8. 揣　chuāi　（懐に）しまう，隠す
9. 变卖　biànmài　（自分のものを）売り払ってお金に換える
10. 过早　guòzǎo　早すぎる
11. 洋学堂　yángxuétáng　清末，洋務派（1860年頃から展開された，西洋の軍事技術を導入して富国強兵をはかろうとした，いわゆる洋務運動を推進した，漢人高級官僚グループのこと）が，富国強兵のために開設した，数学，物理，化学などの自然科学の知識を学ぶための学校
12. 优异　yōuyì　ずば抜けている
13. 弘文学院　Hóngwénxuéyuàn　1896年，柔道家・教育家の嘉納治五郎が中国からの留学生のために東京牛込に開いた教育機関

仙台　　医科专门学校[14]　　学 医。他 之 所以[15] 选择 攻读[16] 医学，是
Xiāntái　yīkē-zhuānmén-xuéxiào　xué yī. Tā zhī suǒyǐ xuǎnzé gōngdú yīxué, shì

因为 他 觉得 中医 不 可靠[17]，只有[18] 西医 才 能 医治[19] 病人，
yīnwei tā juéde Zhōngyī bù kěkào, zhǐyǒu Xīyī cái néng yīzhì bìngrén,

改善　　中国人　 的 身体　 状况。
gǎishàn Zhōngguórén de shēntǐ zhuàngkuàng.

　　然而[20]，日俄战争[21] 的 爆发 及 日军 的 胜利，促使[22] 他 弃 医
　　Rán'ér, Rì-É-zhànzhēng de bàofā jí Rì-jūn de shènglì, cùshǐ tā qì yī

从 文，返回 东京 写 文章、办 杂志，从事 文学 活动。
cóng wén, fǎnhuí Dōngjīng xiě wénzhāng、bàn zázhì, cóngshì wénxué huódòng.

1909 年，　　他 从 日本 回 国，在 家乡 担任了 一段 时间
Yījiǔlíngjiǔ-nián, tā cóng Rìběn huí guó, zài jiāxiāng dānrènle yíduàn shíjiān

中学　 教员 后 前往[23] 北京，到 教育部 任职。1918 年，他
zhōngxué jiàoyuán hòu qiánwǎng Běijīng, dào jiàoyùbù rènzhí. Yījiǔyībā-nián, tā

在《新青年》[24] 杂志上 发表了 白话小说[25]《狂人 日记》。这篇
zài《Xīnqīngnián》zázhìshang fābiǎole báihuà-xiǎoshuō《Kuángrén rìjì》. Zhè-piān

小说 不仅[26] 是 他 的 第一篇 白话小说，也 是 中国 最 早
xiǎoshuō bùjǐn shì tā de dì-yī-piān báihuà-xiǎoshuō, yě shì Zhōngguó zuì zǎo

的 现代 白话小说。从此，他 创作了《阿 Q 正传》、《祝福》、
de xiàndài báihuà-xiǎoshuō. Cóngcǐ, tā chuàngzuòle《Ā-Qiū zhèngzhuàn》、《Zhùfú》、

《故乡》 等 脍炙人口[27] 的 作品。
《Gùxiāng》 děng kuàizhìrénkǒu de zuòpǐn.

　　鲁迅 在 文学 创作、文学 批评、文学史 研究、翻译、美学
　　Lǔ-Xùn zài wénxué chuàngzuò、wénxué pīpíng、wénxuéshǐ yánjiū、fānyì、měixué

理论 引进[28] 等 诸多 领域 有 重大 贡献。最 突出 的 贡献，
lǐlùn yǐnjìn děng zhūduō lǐngyù yǒu zhòngdà gòngxiàn. Zuì tūchū de gòngxiàn,

---

14. 仙台医科专门学校
   Xiāntái yīkē-zhuāmén-xuéxiào 仙台医学専門学校。現在の東北大学医学部の前身
15. 之所以 A，是因为 B
   zhī suǒyǐ A, shì yīnwei B
   AであるのはBであるからである
16. 攻读　gōngdú　専攻する
17. 可靠　kěkào　頼りになる，信頼できる
18. 只有 A 才 B　zhǐyǒu A cái B　ただ Aだけが Bである
19. 医治　yīzhì　治療する
20. 然而　rán'ér　しかし，ところが
21. 日俄战争 Rì-É-zhànzhēng 日露戦争 (1904～05)
22. 促使　cùshǐ　～するように促す
23. 前往　qiánwǎng　〈書き言葉〉行く，向かう
24. 《新青年》 Xīnqīngnián　雑誌名。陳独秀が刊行。欧米の近代的合理主義を紹介し，中国の旧体制・旧道徳の支えであった儒教思想を批判，青年知識層に支持された
25. 白话小说 báihuà-xiǎoshuō 口語体小説
26. 不仅 A，也 B　bùjǐn A, yě B　Aだけではなく，Bでもある
27. 脍炙人口　kuàizhìrénkǒu [成語] 人々によく知られている。脍（カイ）＝なます，炙（シャ）＝あぶった肉
28. 引进　yǐnjìn　導入

应该 说 是 他 开创²⁹ 的 杂文³⁰ 这 一 文体。杂文 富有 自由性、
yīnggāi shuō shì tā kāichuàng de záwén zhè yì-wéntǐ. Záwén fùyǒu zìyóuxìng、

批判性、 战斗性，用 他 的 话 说 "是 匕首³¹，是 投枪³²"，是
pīpànxìng、zhàndòuxìng, yòng tā de huà shuō "shì bǐshǒu, shì tóuqiāng", shì

他 同 当时 的 统治者、 封建 礼教³³ 和 旧 传统 作 斗争 的
tā tóng dāngshí de tǒngzhìzhě、fēngjiàn lǐjiào hé jiù chuántǒng zuò dòuzhēng de

武器。他 留下了 《热风》、《坟》、《三闲集》 等 16部 杂文集。
wǔqì. Tā liúxiàle 《Rèfēng》、《Fén》、《Sānxiánjí》 děng shíliù-bù záwén-jí.

鲁迅 一生 追求 自由 民主，并 为 之 奋斗。他 抗议
Lǔ-Xùn yìshēng zhuīqiú zìyóu mínzhǔ, bìng wèi zhī fèndòu. Tā kàngyì

北洋军阀³⁴ 政权 对 爱国 学生 的 镇压³⁵，反对 日本 军国主义
Běiyáng-jūnfá zhèngquán duì àiguó xuésheng de zhènyā, fǎnduì Rìběn jūnguó-zhǔyì

对 中国 的 侵略，是 一位 特立独行³⁶ 的 知识分子³⁷。
duì Zhōngguó de qīnlüè, shì yí-wèi tèlìdúxíng de zhīshi-fènzǐ.

◀「中華民族の魂」
鲁迅先生

29. 开创 kāichuàng 創始する，切り開く
30. 杂文 záwén 社会問題を取り上げたエッセー
31. 匕首 bǐshǒu 短剣，あいくち
32. 投枪 tóuqiāng 投げ槍
33. 礼教 lǐjiào 礼儀と道徳
34. 北洋军阀 Běiyáng-jūnfá 清末，北洋大臣袁世凱（エンセイガイ）の指揮下に編成された近代式陸軍を基盤とした軍閥
35. 镇压 zhènyā 弾圧
36. 特立独行 tèlìdúxíng 成語 独立独歩である
37. 知识分子 zhīshi-fènzǐ 知識人

Zhōngguó
zhī chuāng

成语篇

第十七课　卧薪尝胆
Wòxīnchángdǎn

第十八课　破釜沉舟
Pòfǔchénzhōu

第十九课　班门弄斧
Bānménnòngfǔ

第二十课　塞翁失马
Sàiwēngshīmǎ

第十七课 卧薪尝胆

基礎知識

「臥薪嘗胆」という成語は日本語にもそのまま用いられており、「将来の目的を達成するために、艱難辛苦に耐えて、長い間苦労し努力する」という意味です。この大本は今から2500年ほど前の春秋時代の呉国と越国の争いにまつわる故事です。

春秋時代（前770～前476）、中国の江南地域では呉国と越国が激しい戦いをくり返していました。まず呉が新興勢力の越に破れ、呉の王が息子の夫差に仇を打つよう遺言すると、夫差は復讐を誓います。2年後、呉王となった夫差は越王の勾践と戦い、会稽山で勝利します。3年後、夫差に許されて帰国した勾践は、国政の建て直しに取り掛かります。「夜、寝るときには薪の上で横になり（臥薪）、部屋には苦い胆を掛けて、それを嘗め（嘗胆）」、会稽山での恥を忘れないように努めます。そして10年後、勾践はついに呉を破り、夫差を自殺に追い込みます。

「嘗胆」の最も古い記述は、前漢に司馬遷によって書かれた史書『史記』（第十課語注24参照）にありますが、「臥薪嘗胆」の形で登場するのは12、3世紀以降です。14世紀にまとめられた通俗史書『十八史略』では「臥薪」を夫差の逸話としており、日本ではこの説が広まって、「臥薪」は夫差、「嘗胆」は勾践の逸話とするのが一般的です。

この課の本文には「西施（セイシ）」も登場します。中国には'情人眼里出西施（惚れた人の目には西施に見える）'ということわざがあり、これは日本語の「あばたもえくぼ」にあたります。西施は、中国四大美人の一人です。貧しい生まれですが、その美貌ゆえ、母国の越が呉に敗れると、復讐のため、呉王の夫差に贈られました。夫差が彼女に夢中になり、国政に無関心になったことも、呉国が越に敗れた原因の一つと言われています。

本文

公元前496年，吴王阖闾派兵攻打越国，被越王勾践率领的军队打败，阖闾也中箭而亡。继承了王位的夫差发誓要替父亲报仇，积极练兵备战。

两年后，勾践不听谋臣范蠡等人的忠告，贸然出兵攻吴，结果反而被敌军包围。勾践又后悔又绝望，想寻短见。这时谋臣文种向他献了一条计策，说："吴国有个叫伯嚭的贪财好色的大臣，我们不妨派人去贿赂贿赂他。"

走投无路的勾践采纳了文种的计策。他派文种带着遐迩闻名的美女西施和一些珍宝去贿赂伯嚭。不出所料，伯嚭满心欢喜，他收下珍宝，带着西施和文种去见吴王夫差。

文种向夫差献上西施，并表示越王愿意投降，希望饶他们一命，伯嚭也在一旁帮腔。吴国老臣伍子胥力劝夫差"斩草要除根"，可是夫差一来贪恋西施的美色，二来认为越国弱小，不值得担忧，就答应了文种的要求。

吴军撤兵后，勾践把国政交给文种管理，自己带着妻子和范蠡来到吴国，为夫差放牛放羊，表现得十分谦卑。三年后，夫差对他的忠心深信不疑，就放他们回国了。

回到越国后，勾践悄悄地训练军队，晚上睡觉时不用褥子，睡在柴草上；又在屋子里挂了一只苦胆，时不时去尝一尝，以不忘过去的耻辱。为了早日恢复国力，他还亲自到田地里和农夫一起劳动。

十年后，越国终于转弱为强。而这时的吴国呢，由于夫差听信了伯嚭的坏话杀了伍子胥，又终日沉迷于西施的美色，再加上连年对外出兵，已经是外强中干了。

公元前482年，勾践趁夫差率兵外出的机会对吴国发动突然袭击，杀死了吴国太子，打败了吴国军队。次年，勾践再次带兵攻打吴国，取得了决定性的胜利，夫差拔剑自杀。

"卧薪尝胆"这一成语来自越王勾践的复仇故事，形容人刻苦自励，发奋图强。

本文を中国語で発音し、精読していきましょう。

公元前[1] 496年，吴王 阖闾[2] 派兵 攻打 越国，
Gōngyuán-qián sìbǎijiǔshíliù-nián, Wú-wáng Hé-Lǘ pài bīng gōngdǎ Yuèguó,
被 越王 勾践[3] 率领 的 军队 打败，阖闾 也 中 箭[4] 而 亡。
bèi Yuè-wáng Gōu-Jiàn shuàilǐng de jūnduì dǎbài, Hé-Lǘ yě zhòng jiàn ér wáng.
继承了 王位 的 夫差[5] 发誓 要 替 父亲 报仇[6]，积极 练兵 备战。
Jìchéngle wángwèi de Fū-Chāi fāshì yào tì fùqin bàochóu, jījí liànbīng bèizhàn.
两年 后，勾践 不 听 谋臣[7] 范蠡[8] 等 人 的 忠告，
Liǎng-nián hòu, Gōu-Jiàn bù tīng móuchén Fàn-Lǐ děng rén de zhōnggào,
贸然[9] 出 兵 攻 吴，结果 反而 被 敌军 包围。勾践 又[10] 后悔
màorán chū bīng gōng Wú, jiéguǒ fǎn'ér bèi díjūn bāowéi. Gōu-Jiàn yòu hòuhuǐ
又 绝望，想 寻 短见[11]。这时 谋臣 文种[12] 向 他 献了
yòu juéwàng, xiǎng xún duǎnjiàn. Zhè-shí móuchén Wén-Zhǒng xiàng tā xiànle
一条 计策，说："吴国 有 个 叫 伯嚭[13] 的 贪财 好色 的 大臣，
yì-tiáo jìcè, shuō: "Wúguó yǒu ge jiào Bó-Pǐ de tāncái hàosè de dàchén,
我们 不妨[14] 派 人 去 贿赂[15] 贿赂 他。"
wǒmen bùfáng pài rén qù huìlùhuìlù tā".

語注

1. 公元前　gōngyuán-qián　紀元前
2. 阖闾　Hé-Lǘ　闔閭、コウリョ。夫差の父
3. 勾践　Gōu-Jiàn　勾践、コウセン
4. 中箭　zhòng jiàn　矢に当る
5. 夫差　Fū-Chāi　フサ
6. 报仇　bàochóu　仇を討つ
7. 谋臣　móuchén　知謀にたけた臣
8. 范蠡　Fàn-Lǐ　範蠡、ハンレイ。勾践に仕えた
9. 贸然　màorán　軽率に
10. 又A又B　yòu A yòu B　AでもあるあまたBでもある
11. 寻短见　xún duǎnjiàn　自殺する
12. 文种　Wén-Zhǒng　文種、ブンショウ。勾践に仕えた
13. 伯嚭　Bó-Pǐ　ハクヒ。闔閭と夫差に仕えた
14. 不妨　bùfáng　差し支えない
15. 贿赂　huìlù　賄賂を贈る

走投无路[16]的勾践采纳[17]了文种的计策。他派文种带着遐迩[18]闻名[19]的美女西施[20]和一些珍宝去贿赂伯嚭。不出所料[21]，伯嚭满心欢喜，他收下珍宝，带着西施和文种去见吴王夫差。

文种向夫差献上西施，并表示越王愿意投降，希望饶[22]他们一命，伯嚭也在一旁帮腔[23]。吴国老臣伍子胥[24]力劝[25]夫差"斩草要除根"，可是夫差一来[26]贪恋西施的美色，二来认为越国弱小，不值得担忧[27]，就答应了文种的要求。

吴军撤兵后，勾践把国政交给文种管理，自己带着妻子和范蠡来到吴国，为夫差放牛放羊，表现得十分谦卑。三年后，夫差对他的忠心深信不疑，就放他们回国了。

16. 走投无路 zǒutóuwúlù [成语] 行き場を失う，窮地に陥る
17. 采纳 cǎinà 受け入れる，聞き入れる
18. 遐迩 xiá'ěr 近くでも遠くでも
19. 闻名 wénmíng 名高い，有名である
20. 西施 Xīshī セイシ。中国四大美人の一人
21. 不出所料 bùchūsuǒliào [成语] 予測どおり
22. 饶命 ráomìng 命を助ける
23. 帮腔 bāngqiāng あいづちを打つ，口で加勢する
24. 伍子胥 Wǔ-Zǐxū ゴシショ。闔閭と夫差に仕えた
25. 力劝 lìquàn 懸命に忠告する
26. 一来A，二来B yìlái A, èrlái B 一つにはA，二つにはB
27. 担忧 dānyōu 憂える，心配する

回到 越国 后，勾践 悄悄²⁸ 地 训练 军队，晚上 睡觉 时
Huídào Yuèguó hòu, Gōu-Jiàn qiāoqiāo de xùnliàn jūnduì, wǎnshang shuìjiào shí
不 用 褥子²⁹，睡在 柴草上；又 在 屋子里 挂了 一只 苦胆³⁰，时不时³¹
bú yòng rùzi, shuìzài cháicǎoshang; yòu zài wūzili guàle yì-zhī kǔdǎn, shíbushí
去 尝³²一尝，以 不 忘 过去 的 耻辱。为了 早日 恢复 国力，他
qù chángyicháng, yǐ bú wàng guòqù de chǐrǔ. Wèile zǎorì huīfù guólì, tā
还 亲自 到 田地里 和 农夫 一起 劳动。
hái qīnzì dào tiándìli hé nóngfū yìqǐ láodòng.

十年 后，越国 终于 转 弱 为 强。而 这时 的 吴国 呢，
Shí-nián hòu, Yuèguó zhōngyú zhuǎn ruò wéi qiáng. Ér zhè-shí de Wúguó ne,
由于³³ 夫差 听信了 伯嚭 的 坏话³⁴ 杀了 伍子胥，又 终日 沉迷³⁵于
yóuyú Fū-Chāi tīngxìnle Bó-Pǐ de huàihuà shāle Wǔ-Zǐxū, yòu zhōngrì chénmíyú
西施 的 美色，再 加上 连年 对外 出兵，已经 是 外强中干³⁶ 了。
Xīshī de měisè, zài jiāshang liánnián duìwài chūbīng, yǐjīng shì wàiqiángzhōnggān le.

公元前 482年，勾践 趁³⁷ 夫差 率 兵 外出
Gōngyuán-qián sìbǎibāshí'èr-nián, Gōu-Jiàn chèn Fū-Chāi shuài bīng wàichū
的 机会 对 吴国 发动 突然 袭击³⁸，杀死了 吴国 太子，打败了
de jīhuì duì Wúguó fādòng tūrán xíjī, shāsǐle Wúguó tàizǐ, dǎbàile
吴国 军队。次年，勾践 再次 带 兵 攻打 吴国，取得了 决定性
Wúguó jūnduì. Cìnián, Gōu-Jiàn zàicì dài bīng gōngdǎ Wúguó, qǔdéle juédìngxìng
的 胜利，夫差 拔 剑 自杀。
de shènglì, Fū-Chāi bá jiàn zìshā.

"卧薪尝胆" 这 一 成语 来自³⁹ 越王 勾践 的 复仇 故事，
"Wòxīnchángdǎn" zhè yì chéngyǔ láizì Yuè-wáng Gōu-Jiàn de fùchóu gùshi,
形容 人 刻苦 自励，发奋⁴⁰ 图强⁴¹。
xíngróng rén kèkǔ zìlì, fāfèn túqiáng.

28. 悄悄	qiāoqiāo	こっそりと	36. 外强中干	wàiqiángzhōnggān 成語 見かけは強そうだが，内実はもろくて弱い
29. 褥子	rùzi	敷き蒲団		
30. 苦胆	kǔdǎn	胆のう	37. 趁	chèn ～を利用して，～に乗じて
31. 时不时	shíbushí	たびたび	38. 袭击	xíjī 襲撃する
32. 尝	cháng	なめる	39. 来自～	láizì~ ～から来る
33. 由于～	yóuyú~	～によって，～なので	40. 发奋	fāfèn 発奮する
34. 坏话	huàihuà	悪口	41. 图强	túqiáng 向上しようとする
35. 沉迷	chénmí	おぼれふける		

第十八课
破釜沉舟

🔵 基礎知識

　'破釜沉舟'とは「鍋を壊して船を沈める」という意味で、戦いに臨んで、とことんやるという覚悟を示すたとえです。その出典は司馬遷の『史記』（本課語注2参照）の「項羽本紀」です。

　中国の長い歴史の中で、項羽（前232～前202）に勝る英雄はいないかも知れません。項羽は戦国時代の楚の将軍の家に生まれ、苗字は「項」、名は「籍」で、「羽」は字（あざな）です。

　彼は30年という短い生涯でしたが、24歳の時に8千人の軍を率いて秦に立ち向かい、軍人として歴史の舞台に立ったのち、70回以上の戦いを経験しました。「鉅鹿（キョロク）の戦い」はその代表的なものです。

　項羽が25歳の時（前207年）、宋義が司令官、項羽は副司令官として、鉅鹿の地（現在の河北省、戦国時代は趙の都市）で5万人の軍を指揮し、秦の名将の章邯（ショウカン）率いる20万人を超える大軍と交戦することになりました。しかし、宋義は秦軍の勢力が強大であることを聞き、前進することを止めてしまいます。軍には食料が無くなり、兵士たちは粗食を続けていましたが、宋義はこれを顧みず、自分は宴会を開いていました。秦との戦いで叔父を亡くしていた項羽は、早く秦を攻めるよう宋義を促しますが、宋義は一向に耳を傾けませんでした。そこで副司令官だった項羽は宋義を殺し、軍を率いて秦と戦います。そして項羽は部隊が漳河（ショウガ）を渡ったあと、兵士に命じて船を河に沈めさせ、釜を全部壊し、食料を3日分しか配りませんでした。このようにして、項羽は退路を断ち、兵士に必勝を決心させ、見事、秦に決定的な打撃を与え、楚軍を勝利に導きました。

　これが'破釜沉舟'というこのことわざの由来です。

🔵 本文

　"破釜沉舟"这一成语出自司马迁的《史记·项羽本纪》，是中国文学史上历时两千多年却仍然脍炙人口的成语故事。

　公元前224年，秦国大将王翦率领60万大军进攻楚国。楚国名将项燕率兵迎战，兵败战死。楚国不久后灭亡。秦始皇统一了中国。

　秦朝末年，陈胜、吴广在大泽乡起义，动摇了秦国的统治。在吴中的项燕的儿子项梁和侄子项羽认为报家仇国恨的机会到了，就召集8000子弟兵，起兵反秦。他们拥立楚怀王13岁的孙子熊心为王，仍然称其为"楚怀王"。

　公元前207年，秦国大将章邯率领20万大军进攻赵国，大败赵国军队。之后章邯命令王离和涉间两位将领包围赵国的巨鹿。为了化解国家的危机，赵王连夜派人向楚王求救。楚王便派宋义为上将军，项羽为次将，带领5万人马去救赵国。

　宋义听说秦军势力强大，产生了畏敌情绪，行军到半路就停了下来，滞留46天。军粮不够了，士兵只好煮蔬菜和杂豆充饥。可宋义对士兵漠不关心，只顾自己举行宴会，大吃大喝。而次将项羽呢，因为他的叔父项梁在前不久同秦军的战斗中阵亡，报仇心切，就催促主将发兵，早日攻打秦军。宋义不但不理会他的意见，还讽刺他有勇无谋。于是，项羽借口宋义要谋反楚国，将其斩首，然后率领部队去同秦军作战。

　部队渡过漳河以后，项羽命令士兵把所有的船只都毁掉沉到河底，把饭锅全部打碎，把周围的房屋统统烧毁，每人只发给3天的干粮。他之所以要断掉退路，是因为想激发将士们必胜的决心。

　这一招非常灵验，将士们个个勇往直前，奋力杀敌。经过九次激烈的战斗，终于打败了秦军。

　巨鹿之战消灭了秦军主力，成为中国古代战争史上以少胜多的经典战役之一。从此，项羽在诸侯中树立了威信，为日后与刘邦争霸天下打下了基础。

本文を中国語で発音し、精読していきましょう。

"破釜沉舟" 这 一 成语 出自 司马迁¹ 的《史记²·项羽³ 本纪⁴》,
"Pòfǔchénzhōu" zhè yì chéngyǔ chūzì Sīmǎ-Qiān de 《Shǐjì·Xiàng-Yǔ běnjì》,

是 中国 文学史上 历时⁵ 两千多年 却 仍然 脍炙人口⁶ 的
shì Zhōngguó wénxuéshǐshang lìshí liǎngqiānduō-nián què réngrán kuàizhìrénkǒu de

成语故事。
chéngyǔ-gùshi.

公元前 224 年, 秦国 大将 王翦⁷ 率领 60万
Gōngyuán-qián èrbǎi'èrshisì-nián, Qínguó dàjiàng Wáng-Jiǎn shuàilǐng liùshíwàn

大军 进攻 楚国。 楚国 名将 项燕⁸ 率 兵 迎战, 兵 败
dàjūn jìngōng Chǔguó. Chǔguó míngjiàng Xiàng-Yān shuài bīng yíngzhàn, bīng bài

战死。 楚国 不久 后 灭亡⁹。 秦始皇¹⁰ 统一了 中国。
zhànsǐ. Chǔguó bùjiǔ hòu mièwáng. Qín-Shǐhuáng tǒngyīle zhōngguó.

秦朝 末年, 陈胜¹¹、 吴广¹² 在 大泽乡¹³ 起义¹⁴, 动摇了
Qín-cháo mònián, Chén-Shèng、 Wú-Guǎng zài Dàzéxiāng qǐyì, dòngyáole

秦国 的 统治。 在 吴中 的 项燕 的 儿子 项梁¹⁵ 和 侄子¹⁶
Qínguó de tǒngzhì. Zài Wúzhōng de Xiàng-Yān de érzi Xiàng-Liáng hé zhízi

项羽 认为 报¹⁷ 家 仇 国 恨 的 机会 到了, 就 召集 8000
Xiàng-Yǔ rènwéi bào jiā chóu guó hèn de jīhuì dàole, jiù zhàojí bāqiān

語注

1. 司马迁 Sīmǎ-Qiān 司馬遷, シバセン。前漢の歴史家。第十課, P.45 の語注 24 参照
2. 史记 Shǐjì 『史記』。中国古代伝説上の黄帝から, 前漢の武帝まで, 約二千数百年の歴史を叙述した紀伝体の史書。全 130 巻。司馬遷の著『史記』はこれ以後の歴代王朝の正史の規範となった
3. 项羽 Xiàng-Yǔ 項羽, コウウ
4. 本纪 běnjì 紀伝体で書かれた史書で, 帝王の事跡を記したもの
5. 历时 lìshí 経過する
6. 脍炙人口 kuàizhìrénkǒu 成語 人々によく知られている。脍(カイ)=なます, 炙(シャ)=あぶった肉
7. 王翦 Wáng-Jiǎn オウセン
8. 项燕 Xiàng-Yān 項燕, コウエン。項羽の祖父
9. 灭亡 mièwáng 滅亡する
10. 秦始皇 Qín-Shǐhuáng 秦の始皇帝。第十一課基礎知識参照
11. 陈胜 Chén-Shèng 陳勝, チンショウ
12. 吴广 Wú-Guǎng 呉広, ゴコウ
13. 大泽乡 Dàzéxiāng 大澤郷, ダイタクキョウ。現在の安徽省宿州市の東南部
14. 起义 qǐyì 武装蜂起する
15. 项梁 Xiàng-Liáng 項梁, コウリョウ
16. 侄子 zhízi おい(兄弟の息子)
17. 报仇 bàochóu 仇を討つ

子弟兵[18]，起兵反秦。他们拥立楚怀王13岁的孙子熊心[19]
zǐdìbīng, qǐbīng fǎn Qín. Tāmen yōnglì Chǔ-Huáiwáng shísān-suì de sūnzi Xióng-Xīn
为王，仍然[20]称其为"楚怀王"。
wéi wáng, réngrán chēng qí wéi "Chǔ-Huáiwáng".

公元前207年，秦国大将章邯[21]率领20万
gōngyuán-qián èrbǎilíngqī-nián, Qínguó dàjiàng Zhāng-Hán shuàilǐng èrshíwàn
大军进攻赵国，大败赵国军队。之后章邯命令王离[22]
dàjūn jìngōng Zhàoguó, dàbài Zhàoguó jūnduì. Zhīhòu Zhāng-Hán mìnglìng Wáng-Lí
和涉间[23]两位将领[24]包围赵国的巨鹿[25]。为了化解[26]国家
hé Shè-Jiān liǎng-wèi jiànglǐng bāowéi Zhàoguó de Jùlù. Wèile huàjiě guójiā
的危机，赵王连夜[27]派人向楚王求救。楚王便派
de wēijī, Zhào-wáng liányè pài rén xiàng Chǔ-wáng qiújiù. Chǔ-wáng biàn pài
宋义[28]为上将军[29]，项羽为次将[30]，带领5万人马去
Sòng-Yì wéi shàngjiāngjūn, Xiàng-Yǔ wéi cìjiàng, dàilǐng wǔwàn rénmǎ qù
救赵国。
jiù Zhàoguó.

宋义听说秦军势力强大，产生了畏敌情绪，行军
Sòng-Yì tīngshuō Qín-jūn shìlì qiángdà, chǎnshēngle wèi dí qíngxù, xíngjūn
到半路就停了下来，滞留46天。军粮[31]不够了，士兵
dào bànlù jiù tínglexiàlai, zhìliú sìshíliù-tiān. Jūnliáng búgòu le, shìbīng
只好[32]煮蔬菜和杂豆充饥[33]。可宋义对士兵漠不关心[34]，
zhǐhǎo zhǔ shūcài hé zádòu chōngjī, kě Sòng-Yì duì shìbīng mòbùguānxīn,
只顾[35]自己举行宴会，大吃大喝。而次将项羽呢，因为他
zhǐgù zìjǐ jǔxíng yànhuì, dàchī dàhē. Ér cìjiàng Xiàng-Yǔ ne, yīnwei tā
的叔父项梁在前不久同秦军的战斗中阵亡[36]，
de shūfù Xiàng-Liáng zài qián bùjiǔ tóng Qín-jūn de zhàndòu zhōng zhènwáng,
报仇心切[37]，就催促主将发兵[38]，早日攻打秦军。宋义不但[39]
bàochóu xīnqiè, jiù cuīcù zhǔjiàng fābīng, zǎorì gōngdǎ Qín-jūn. Sòng-Yì búdàn

18. 子弟兵 zǐdìbīng 地元の兵士
19. 熊心 Xióng-Xīn ユウシン
20. 仍然 réngrán 依然として，相変わらず
21. 章邯 Zhāng-Hán ショウカン
22. 王离 Wáng-Lí 王離，オウリ
23. 涉间 Shè-Jiān 渉間，ショウカン
24. 将领 jiànglǐng 将校
25. 巨鹿 Jùlù 鉅鹿，キョロク。現在の河北省邢台市巨鹿県
26. 化解 huàjiě 溶ける，溶かす
27. 连夜 liányè その夜すぐ
28. 宋义 Sòng-Yì 宋義，ソウギ
29. 上将军 shàngjiāngjūn 部隊の司令官
30. 次将 cìjiàng 副司令官
31. 军粮 jūnliáng 軍の食糧
32. 只好～ zhǐhǎo~ ～するほかない
33. 充饥 chōngjī 飢えをしのぐ
34. 漠不关心 mòbùguānxīn 成語 何の関心もない
35. 只顾～ zhǐgù~ ただ～するだけ
36. 阵亡 zhènwáng 戦死する
37. 心切 xīnqiè 痛切に感じる
38. 发兵 fābīng 出兵する
39. 不但A，还B búdàn A, hái B Aだけでなく，さらにBでもある

不 理会⁴⁰ 他 的 意见，还 讽刺 他 有勇无谋⁴¹。于是，项羽 借口⁴²
bù lǐhuì tā de yìjiàn, hái fěngcì tā yǒuyǒngwúmóu. Yúshì, Xiàng-Yǔ jièkǒu

宋义 要 谋反⁴³ 楚国，将 其 斩首，然后 率领 部队 去 同
Sòng-Yì yào móufǎn Chǔguó, jiāng qí zhǎnshǒu, ránhòu shuàilǐng bùduì qù tóng

秦军 作战。
Qín-jūn zuòzhàn.

　　部队 渡过 漳河⁴⁴ 以后，项羽 命令 士兵 把 所有 的
　　Bùduì dùguò Zhānghé yǐhòu, Xiàng-Yǔ mìnglìng shìbīng bǎ suǒyǒu de

船只⁴⁵ 都 毁掉 沉到 河底，把 饭锅 全部 打碎，把 周围
chuánzhī dōu huǐdiào chéndào hédǐ, bǎ fànguō quánbù dǎsuì, bǎ zhōuwéi

的 房屋 统统⁴⁶ 烧毁，每人 只 发给 ３天 的 干粮⁴⁷。他 之
de fángwū tǒngtǒng shāohuǐ, měirén zhǐ fāgěi sān-tiān de gānliáng. Tā zhī

所以⁴⁸ 要 断掉 退路，是 因为 想 激发⁴⁹ 将士⁵⁰们 必胜 的 决心。
suǒyǐ yào duàndiào tuìlù, shì yīnwei xiǎng jīfā jiàngshìmen bìshèng de juéxīn.

　　这 一招⁵¹ 非常 灵验⁵²，将士们 个个 勇往直前⁵³，奋力⁵⁴ 杀敌。
　　Zhè yì-zhāo fēicháng língyàn, jiàngshìmen gègè yǒngwǎngzhíqián, fènlì shādí.

经过 九次 激烈 的 战斗，终于 打败了 秦军。巨鹿之战 消灭了
Jīngguò jiǔ-cì jīliè de zhàndòu, zhōngyú dǎbàile Qín-jūn. Jùlù-zhī-zhàn xiāomièle

秦军 主力，成为 中国 古代 战争史上 以少胜多⁵⁵ 的
Qín-jūn zhǔlì, chéngwéi Zhōngguó gǔdài zhànzhēngshǐshang yǐshǎoshèngduō de

经典 战役⁵⁶ 之一。从此，项羽 在 诸侯 中 树立了 威信，
jīngdiǎn zhànyì zhī yī. Cóngcǐ, Xiàng-Yǔ zài zhūhóu zhōng shùlìle wēixìn,

为 日后⁵⁷ 与 刘邦⁵⁸ 争霸 天下 打下了 基础。
wèi rìhòu yǔ Liú-Bāng zhēngbà tiānxià dǎxiàle jīchǔ.

---

40. 理会　lǐhuì　相手にする，取り合う
41. 有勇无谋　yǒuyǒngwúmóu　[成語]勇気はあるが知謀がない
42. 借口　jièkǒu　口実にする
43. 谋反　móufǎn　反乱をたくらむ
44. 漳河　Zhānghé　ショウガ。山西省に源を発し，衛河に注ぐ川
45. 船只　chuánzhī　船の総称，船舶
46. 统统　tǒngtǒng　すべて，全部
47. 干粮　gānliáng　携帯用の汁気のない食料
48. 之所以Ａ，是因为Ｂ　zhī suǒyǐ A, shì yīnwei B　ＡなのはＢだからである
49. 激发　jīfā　発奮させる
50. 将士　jiàngshì　将校と兵士の総称
51. 招　zhāo　やり方，方法
52. 灵验　língyàn　効き目がある
53. 勇往直前　yǒngwǎngzhíqián　[成語]勇敢に邁進する
54. 奋力　fènlì　力の限りを尽くす
55. 以少胜多　yǐshǎoshèngduō　[成語]少数で多数に勝つ
56. 经典战役　jīngdiǎn zhànyì　「後世になっても誰もが知っている有名な戦い」という意味
57. 日后　rìhòu　後日，のちの
58. 刘邦　Liú-Bāng　劉邦，リュウホウ。前202年に項羽を破って天下を統一し，漢朝を創立。漢の高祖

第十九課
班門弄斧

基礎知識

　　春秋戦国時代の魯の国の人で、大工の始祖と崇められている名匠、公輸般（コウシュハン）は「魯班」と呼ばれていました。'班'とはこの魯班のことです。'班門弄斧'とは、この大工の名匠の前で斧を振り回すという意味で、つまり「専門家の前で腕前を見せびらかす身のほど知らず」のたとえです。

　　魯班は「墨家」の思想の影響を受けています。ここでは、魯班の生きた春秋戦国時代と「墨家」の思想について、見ていきましょう。

　　中国の古代史の時代区分では、前770年から、前221年に秦が中国を統一するまでの約5世紀半の間を「春秋戦国時代」と言い、この時代は周王朝が衰えて群雄割拠の状態となり、激しい対立抗争が繰り返されました。そんな中、崩壊する旧制度や社会の変動に対して種々の疑問がもたれ、多様な新しい思想が生まれました。これらの新しい思想を主張する思想家や学派は総称して「諸子百家」と呼ばれています。これは司馬遷が『史記』（第十八課語注2参照）の中で命名したものです。その代表的なものは「儒家（孔子、孟子、荀子など）」、「道家（老子、荘子など）」、「法家（呉起、商鞅、韓非など）」、「墨家（墨子など）」などです。次に「墨家」の思想ですが、これは一言でいえば「儒家」に対抗した思想です。「儒家」の孔子の「仁」が、親しいものから遠いものへと推し拡げていく愛（別愛）であるのに対して、「墨家」の墨子は、血縁を超えた差別のない人類愛（兼愛）を説いています。また墨子は乱世にありながら、戦争反対（非攻）を思想の中心としています。「墨家」は戦国時代が終わるとともに急速に衰え、漢代になると儒教が国教として確立し、思想界からは抹殺されていきました。

本文

　　成语"班门弄斧"的字面意思是在鲁班门前舞弄斧子，寓意是在行家面前卖弄本领，不自量力。

　　鲁班是一位什么样的人物呢？他生活在大约两千四百年前的春秋、战国时期，鲁国人。他出生在一个世代工匠家庭，从小就爱动脑筋，善于观察，跟着家里人参加了许多建筑工程劳动。在劳动中，他渐渐地掌握了劳动技能，积累了丰富的经验。

　　春秋末期到战国初期，一方面各国之间战争连年不断，使老百姓深受其害；另一方面人的往来十分频繁，各种思想非常活跃。在那样的背景下，鲁班等工匠获得了施展才能的平台。打仗的时候要制造兵器，需要他们；和平的时候要制造农具，更需要他们。

　　鲁班曾离开祖国来到楚国，帮楚国制造过"云梯"等兵器。后来，他受到思想家墨子的影响，不再制造兵器，专门研究、制造生产工具。他发明了锯子、刨子、墨斗、曲尺等好多种工具，还发明了伞、锁子、磨等器物。关于锯子的发明，还有这样的传说呢：

　　传说有一次鲁班在爬山时，手指不小心被一棵小草划破了，流了很多血。他觉得非常奇怪：怎么一棵小草有那么大的杀伤力，会让人流血呢？他便仔细观察那棵小草，发现草叶两边都是排列均匀的小齿。他再次用那棵小草划自己的手，又流了很多血。由此，他受到启发，赶紧回家拿起工具鼓捣起来。不久，人类历史上第一把锯子诞生了，用它锯树比用斧子砍树效率高得多，也省去了很多人力。

　　读到这里，我想您一定能理解为何后世的建筑工匠尊称鲁班为"祖师"了。

　　当今中国，有一项名为"中国建筑工程鲁班奖"（简称"鲁班奖"）的奖项，目的在于促进建筑施工企业加强质量管理，推动建设工程质量水平的提高。它是中国建筑行业工程质量的最高荣誉奖。

本文を中国語で発音し、精読していきましょう。

成语　"班门弄斧"　的　字面　意思　是　在　鲁班¹　门　前　舞弄²
Chéngyǔ　"bānménnòngfǔ"　de　zìmiàn　yìsi　shì　zài　Lǔ-Bān　mén　qián　wǔnòng

斧子，　寓意³　是　在　行家⁴　面前　卖弄⁵　本领，　不自量力⁶。
fǔzi,　yùyì　shì　zài　hángjiā　miànqián　màinòng　běnlǐng,　búzìliànglì.

　　鲁班　是　一位　什么样　的　人物　呢？　他　生活在　大约
　　Lǔ-Bān　shì　yí-wèi　shénmeyàng　de　rénwù　ne?　Tā　shēnghuózài　dàyuē

两千四百年　前　的　春秋、　战国　时期⁷，　鲁国人。　他　出生在
liǎngqiānsìbǎi-nián　qián　de　Chūnqiū、　Zhànguó　shíqī,　Lǔguórén.　Tā　chūshēngzài

一个　世代⁸　工匠⁹　家庭，　从小¹⁰　就　爱　动　脑筋，善于¹¹　观察，
yíge　shìdài　gōngjiàng　jiātíng,　cóngxiǎo　jiù　ài　dòng　nǎojīn, shànyú　guānchá,

跟着　家里人　参加了　许多　建筑　工程　劳动。　在　劳动　中，
gēnzhe　jiālirén　cānjiāle　xǔduō　jiànzhù　gōngchéng　láodòng.　Zài　láodòng　zhōng,

他　渐渐¹²　地　掌握了　劳动　技能，　积累了　丰富　的　经验。
tā　jiànjiàn　de　zhǎngwòle　láodòng　jìnéng,　jīlěile　fēngfù　de　jīngyàn.

　　春秋　末期　到　战国　初期，　一方面　各国　之　间　战争　连年
　　Chūnqiū　mòqī　dào　Zhànguó　chūqī,　yìfāngmiàn　gèguó　zhī　jiān　zhànzhēng　liánnián

语注

1. 鲁班　Lǔ-Bān　ロハン
2. 舞弄　wǔnòng　振り回す
3. 寓意　yùyì　他の事物に託してほのめかす意味
4. 行家　hángjiā　専門家
5. 卖弄　màinòng　ひけらかす
6. 不自量力　búzìliànglì　成語 身のほどを知らない
7. 春秋、战国时期　Chūnqiū、Zhànguó shíqī　春秋戦国時代（前770～前221）
8. 世代　shìdài　代々
9. 工匠　gōngjiàng　職人
10. 从小　cóngxiǎo　小さい時から
11. 善于　shànyú　～にたけている，～が得意である
12. 渐渐　jiànjiàn　だんだんと，次第に

不断，使老百姓[13]深受其害；另一方面人的往来十分
búduàn, shǐ lǎobǎixìng shēnshòu qí hài; lìng yìfāngmiàn rén de wǎnglái shífēn
频繁，各种思想非常活跃。在那样的背景下，鲁班
pínfán, gèzhǒng sīxiǎng fēicháng huóyuè. Zài nàyàng de bèijǐng xià, Lǔ-Bān
等工匠获得了施展[14]才能的平台[15]。打仗[16]的时候要
děng gōngjiàng huòdéle shīzhǎn cáinéng de píngtái. Dǎzhàng de shíhou yào
制造兵器，需要他们；和平的时候要制造农具，更需要
zhìzào bīngqì, xūyào tāmen; hépíng de shíhou yào zhìzào nóngjù, gèng xūyào
他们。
tāmen.

鲁班曾离开祖国来到楚国，帮[17]楚国制造过"云梯[18]"
Lǔ-Bān céng líkāi zǔguó láidào Chǔguó, bāng Chǔguó zhìzàoguo "yúntī"
等兵器。后来，他受到思想家墨子的影响，不再制造
děng bīngqì. Hòulái, tā shòudào sīxiǎngjiā Mòzǐ de yǐngxiǎng, bú zài zhìzào
兵器，专门研究、制造生产工具。他发明了锯子[19]、刨子[20]、
bīngqì, zhuānmén yánjiū, zhìzào shēngchǎn gōngjù. Tā fāmíngle jùzi, bàozi,
墨斗[21]、曲尺[22]等好多种工具，还发明了伞[23]、锁子[24]、磨[25]
mòdǒu, qūchǐ děng hǎoduō zhǒng gōngjù, hái fāmíngle sǎn, suǒzi, mò
等器物[26]。关于锯子的发明，还有这样的传说呢：
děng qìwù. Guānyú jùzi de fāmíng, háiyǒu zhèyàng de chuánshuō ne:

传说有一次鲁班在爬山时，手指不小心[27]被一棵
Chuánshuō yǒu yí-cì Lǔ-Bān zài pá shān shí, shǒuzhǐ bù xiǎoxīn bèi yì-kē
小草划[28]破了，流了很多血。他觉得非常奇怪[29]：怎么一棵
xiǎocǎo huápòle, liúle hěn duō xiě. Tā juéde fēicháng qíguài: zěnme yì-kē
小草有那么大的杀伤力，会让人流血呢？他便
xiǎocǎo yǒu nàme dà de shāshānglì, huì ràng rén liú xiě ne? Tā biàn
仔细观察那棵小草，发现草叶两边都是排列均匀的
zǐxì guānchá nà-kē xiǎocǎo, fāxiàn cǎoyè liǎngbiān dōu shì páiliè jūnyún de
小齿。他再次用那棵小草划自己的手，又流了很多血。
xiǎochǐ. Tā zàicì yòng nà-kē xiǎocǎo huá zìjǐ de shǒu, yòu liúle hěn duō xiě.

13.	老百姓	lǎobǎixìng	庶民，民衆
14.	施展	shīzhǎn	発揮する
15.	平台	píngtái	（活躍する）舞台
16.	打仗	dǎzhàng	戦いをする，戦争する
17.	帮	bāng	手伝う，助ける
18.	云梯	yúntī	長いはしご
19.	锯子	jùzi	のこぎり
20.	刨子	bàozi	かんな
21.	墨斗	mòdǒu	（大工・石工などが用いる）墨つぼ
22.	曲尺	qūchǐ	（大工が用いる）かね尺
23.	伞	sǎn	かさ
24.	锁子	suǒzi	錠，かぎ
25.	磨	mò	ひき臼
26.	器物	qìwù	用具，道具類の総称
27.	小心	xiǎoxīn	注意する，気をつける
28.	划	huá	（刃物などで）傷つける
29.	奇怪	qíguài	おかしい，不思議だ

由此[30]，他 受到 启发[31]，赶紧[32] 回家 拿起 工具 鼓捣[33]起来。不久，人类历史上 第一把 锯子 诞生了，用 它 锯[34]树 比 用 斧子[35]砍[36]树效率 高得多，也 省去了 很 多 人力。

读到 这里，我 想 您 一定 能 理解 为何[37] 后世 的 建筑工匠 尊称 鲁班 为"祖师"了。

当今 中国，有 一项 名为 "中国 建筑 工程[38]鲁班 奖[39]"（简称 "鲁班 奖"）的 奖项[40]，目的 在于 促进 建筑施工 企业 加强 质量[41] 管理，推动 建设 工程 质量水平 的 提高。它 是 中国 建筑 行业[42] 工程 质量 的最高 荣誉奖。

30.	由此	yóucǐ	〈書き言葉〉このことから	37.	为何	wèihé	どうして
31.	启发	qǐfā	ヒント，啓発	38.	工程	gōngchéng	工事
32.	赶紧	gǎnjǐn	急いで	39.	奖	jiǎng	賞
33.	鼓捣	gǔdao	いじくる	40.	奖项	jiǎngxiàng	褒賞の項目
34.	锯	jù	のこぎりで切る	41.	质量	zhìliàng	質
35.	斧子	fǔzi	おの	42.	行业	hángyè	業種
36.	砍	kǎn	（斧か刀で）割る，切る				

第二十课
塞翁失马

● 基礎知識

'塞翁失马'は'塞翁失马，焉知非福'（塞翁が馬を失い、どうしてそれが良いことであると分からないのか）とも言い、日本に伝わって「人間万事塞翁が馬」という慣用句になりました。その出典は前漢（前202～後8）に書かれた『淮南子（エナンジ）』で、この故事が教えているのは、「人生には幸と不幸が交互にめぐってきて、人生の吉凶・禍福は予測できない」ということです。

「塞翁」とは「国境の塞（とりで）の近くに住んでいる男」という意味で、'塞翁失马'は万里の長城近くでの話です。

ある日、この男が飼っている馬が1頭減っていました。村人が彼を慰めに行くと、ちっとも落ち込んでいませんでした。数ヵ月後、彼の馬は北方の胡人の駿馬を連れて戻ってきました。すると、家族も村人も大喜びする中、この男はとても心配な気持ちになっていました。家ではこの駿馬がたくさん子を生み、男の家は良い馬で一杯になりました。しかし彼の息子が馬に乗って遊んでいるうちに馬から落ち、大腿部を骨折してしまいました。家族はとても悲しみ、村人も彼を慰めましたが、彼はちっとも気にしていませんでした。一年後、北方の胡人が大挙して攻めて来ました。村の青年男子は大勢戦争に借り出されて戦死しましたが、彼の息子は足が不自由なため戦争に借り出されることはありませんでした。

この故事は、中国で2000年以上伝えられ、日本でも誰もが知っている人生訓です。

● 本文

"塞翁失马"的故事出自西汉刘安等人编著的《淮南子》一书。故事情节是这样的：

从前，有位老汉住在与胡人相邻的长城附近，来来往往的人都尊称他为"塞翁"。他家和其他村民一样，过着普普通通的日子。不过塞翁会占卜，能够推测人的吉凶祸福。

有一天，他家的马在放牧时不知怎么迷了路，没有回来。村里人都猜测一定是跑到长城北边的胡人那里去了，以为他会为这事儿特别伤心，就纷纷来他家安慰他。没想到他不但不伤心，而且反过来安慰那些好心人。他说："丢了马，当然是件坏事，可谁知道它会不会带来好的结果呢？"

过了几个月，他那匹马忽然回来了，竟然带着一匹胡人的骏马。这可是意外之财啊，家里人非常高兴，村里人都来向他表示祝贺。他却有些忧虑地说："谁知道这件事会不会是祸呢？"

家里平添了一匹骏马，他儿子就整天骑马玩耍，乐此不疲。结果有一天儿子不小心从马背上摔下来，把一条大腿给摔断了。家里人为此十分难过，村里的好心人又都来安慰他。他呢，还是那句老话："谁知道它会不会带来好的结果呢？"

一年后，胡人大举进攻，从塞外越过长城打过来了。官府开始征兵，凡青壮年男子都拿起武器上战场了。在那场战争中，靠近长城一带的男人绝大多数都战死了。他儿子因为腿瘸的缘故，被免除了兵役，他们父子才得以活下来了。

这个故事在中国民间流传了两千多年了，还传到了日本。它启发人们用发展的眼光看问题，就是在生活中无论遇到好事还是坏事，都要调整自己的心态，要超越时间和空间观察、思考问题，既不要为一点好事而沾沾自喜，也不要为一点坏事而唉声叹气。好事在某种情况下有可能变成坏事，坏事在某种情况下也有可能变成好事。

久而久之，"塞翁失马"或"塞翁失马，焉知非福"成了人们常用的成语之一。

本文を中国語で発音し、精読していきましょう。

"塞翁失马" 的 故事 出自 西汉[1] 刘安[2] 等 人 编著 的 《淮南子[3]》
"Sàiwēngshīmǎ" de gùshi chūzì Xīhàn Liú-Ān děng rén biānzhù de 《Huáinánzǐ》

一书。 故事 情节[4] 是 这样 的:
yì-shū. Gùshi qíngjié shì zhèyang de:

从前, 有 位 老汉 住在 与 胡人 相邻[5] 的 长城 附近,
Cóngqián, yǒu wèi lǎohàn zhùzài yǔ Húrén xiānglín de Chángchéng fùjìn,

来来往往 的 人 都 尊称 他 为 "塞翁"。他 家 和 其他
láiláiwǎngwǎng de rén dōu zūnchēng tā wéi "sàiwēng". Tā jiā hé qítā

村民 一样, 过着 普普通通 的 日子。 不过 塞翁 会 占卜,
cūnmín yíyàng, guòzhe pǔpǔtōngtōng de rìzi. Búguò sàiwēng huì zhānbǔ,

能够 推测 人 的 吉凶 祸福。
nénggòu tuīcè rén de jíxiōng huòfú.

有 一天, 他 家 的 马 在 放牧 时 不 知 怎么 迷了 路,
Yǒu yì-tiān, tā jiā de mǎ zài fàngmù shí bù zhī zěnme míle lù,

没有 回来。 村里 人 都 猜测[6] 一定 是 跑到 长城 北边
méiyou huílái. Cūnli rén dōu cāicè yídìng shì pǎodào Chángchéng běibiān

的 胡人 那里 去了, 以为 他 会[7] 为 这事儿 特别 伤心, 就 纷纷[8]
de Húrén nàli qùle, yǐwéi tā huì wèi zhè shìr tèbié shāngxīn, jiù fēnfēn

来 他 家 安慰 他。 没 想到 他 不但[9] 不 伤心, 而且 反过来[10]
lái tā jiā ānwèi tā. Méi xiǎngdào tā búdàn bù shāngxīn, érqiě fǎnguòlai

語注

1. 西汉　Xīhàn　前漢のこと
2. 刘安　Liú-Ān　劉安, リュウアン。漢高祖劉邦の孫, 淮南（わいなん）王
3. 淮南子　Huáinánzǐ　（書名）エナンジ。21巻。劉安が学者に命じて書かせた哲学書
4. 情节　qíngjié　（小説, 戯曲などの）筋
5. 相邻　xiānglín　隣接する
6. 猜测　cāicè　推測する
7. 会　huì　～するはずだ
8. 纷纷　fēnfēn　次から次へと
9. 不但A, 而且B　búdàn A, érqiě B　AだけでなくかつBである
10. 反过来　fǎnguòlai　逆に, 反対に

安慰那些好心人。他说:"丢了马,当然是件坏事,可谁知道它会不会带来好的结果呢?"

过了几个月,他那匹马忽然[11]回来了,竟然[12]带着一匹胡人的骏马。这可是意外之财啊,家里人非常高兴,村里人都来向他表示祝贺。他却有些忧虑[13]地说:"谁知道这件事会不会是祸呢?"

家里平添[14]了一匹骏马,他儿子就整天[15]骑马玩耍[16],乐此不疲[17]。结果有一天儿子不小心[18]从马背上摔[19]下来,把一条大腿给摔断了。家里人为此十分难过,村里的好心人又都来安慰他。他呢,还是那句老话:"谁知道它会不会带来好的结果呢?"

一年后,胡人大举进攻,从塞外[20]越过长城打过来了。官府[21]开始征兵[22],凡青壮年男子都拿起武器上战场了。在那场战争中,靠近[23]长城一带的男人绝大多数都战死了。他儿子因为腿瘸[24]的缘故,被免除了兵役,

11.	忽然	hūrán	思いがけなく
12.	竟然	jìngrán	意外にも
13.	忧虑	yōulǜ	心配する
14.	平添	píngtiān	(自然に)増える
15.	整天	zhěngtiān	一日中
16.	玩耍	wánshuǎ	遊ぶ
17.	乐此不彼	lècǐbùpí	成語 楽しくて疲れを感じない
18.	小心	xiǎoxīn	気を付ける
19.	摔	shuāi	倒れる、ころぶ
20.	塞外	sàiwài	古代の万里の長城以北の地
21.	官府	guānfǔ	旧時の役所
22.	征兵	zhēngbīng	徴兵
23.	靠近	kàojìn	すぐ近くにある
24.	瘸	qué	足が不自由なこと

他们 父子 才 得以 活下来 了。
tāmen fùzǐ cái déyǐ huóxiàlai le.

这个 故事 在 中国 民间 流传了 两千多年 了, 还 传到了 日本。它 启发[25] 人们 用 发展 的 眼光[26] 看问题, 就是 在 生活 中 无论[27] 遇到 好事 还是 坏事, 都 要 调整 自己的 心态[28], 要 超越 时间 和 空间 观察、思考 问题, 既[29] 不要 为 一点 好事 而 沾沾自喜[30], 也 不要 为 一点 坏事 而 唉声叹气[31]。好事 在 某种 情况 下 有 可能 变成 坏事, 坏事 在 某种 情况 下 也 有 可能 变成 好事。
Zhège gùshi zài Zhōngguó mínjiān liúchuánle liǎngqiānduō-nián le, hái chuándàole Rìběn. Tā qǐfā rénmen yòng fāzhǎn de yǎnguāng kàn wèntí, jiùshi zài shēnghuó zhōng wúlùn yùdào hǎoshì háishi huàishì, dōu yào tiáozhěng zìjǐ de xīntài, yào chāoyuè shíjiān hé kōngjiān guānchá, sīkǎo wèntí, jì búyào wèi yìdiǎn hǎoshì ér zhānzhānzìxǐ, yě búyào wèi yìdiǎn huàishì ér āishēngtànqì. Hǎoshì zài mǒuzhǒng qíngkuàng xià yǒu kěnéng biànchéng huàishì, huàishì zài mǒuzhǒng qíngkuàng xià yě yǒu kěnéng biànchéng hǎoshì.

久而久之[32],"塞翁失马"或"塞翁失马, 焉知非福[33]"成了 人们 常用 的 成语 之一。
Jiǔ'érjiǔzhī, "sàiwēngshīmǎ" huò "sàiwēngshīmǎ, yānzhīfēifú" chéngle rénmen chángyòng de chéngyǔ zhī yī.

25. 启发 qǐfā 啓発する
26. 眼光 yǎnguāng 視点, 観点
27. 无论A, 都B wúlùn A, dōu B Aを問わず, Bである
28. 心态 xīntài 心理状態, 意識
   (调整心态 tiáozhěng xīntài 気持ちの持ち方を変える)
29. 既A, 也B jì A, yě B Aであり, またBでもある
30. 沾沾自喜 zhānzhānzìxǐ 成語 独りで得意になる, うぬぼれる
31. 唉声叹气 āishēngtànqì 成語 嘆いてため息をつく
32. 久而久之 jiǔ'érjiǔzhī 成語 月日のたつうちに
33. 焉知非福 yānzhīfēifú いずくんぞ福にあらざるを知らん→どうして福ではないとわかるのか→どうしてそれが良いことであると分からないのか〈反語〉

中日交流历史篇

第二十一课　**遣隋使与遣唐使**
Qiǎn-Suí-shǐ yǔ Qiǎn-Táng-shǐ

第二十二课　**鉴真和尚与荣叡、普照**
Jiànzhēn héshang yǔ Róngruì、Pǔzhào

第二十三课　**清末到民国时期的来日中国留学生**
Qīng mò dào Mínguó shíqī de lái Rì Zhōngguó liúxuéshēng

第二十四课　**1972年的中日邦交正常化**
Yījiǔqī'èr-nián de Zhōng-Rì bāngjiāo zhèngchánghuà

第二十一课 遣隋使与遣唐使

● 基礎知識

　　西暦600年、仏教と隋の進んだ文化を学ぶため、日本は第1回遣隋使を派遣しました。第2回目は607年で、この時、使者の小野妹子が聖徳太子からの国書を皇帝の煬帝に渡しました。この国書の内容に煬帝が激怒した話は有名です（国書の最初＝「日出處天子致書日没處天子無恙」＝日出ずる処の天子、書を日没する処の天子に致す、恙なしや）。遣隋使の本来の目的は仏教を学ぶことでしたが、彼らは国家制度の重要性にも気づきました。のちに遣唐使によっていろいろな制度が導入されましたが、宦官の制度と科挙の制度は、導入されませんでした。

　　唐王朝の時代には、合計16回遣唐使が派遣されました。630年に第1回目が派遣されてから40年間の間に、第7回目までが派遣され、これによって日本の中央集権国家体制が急速に確立されていきました。唐文化との接触なしに、日本の古代国家の完成はなかったと言えるでしょう。

　　第7回の派遣後30年の空白を経て、702年に日本は完全に唐に朝貢する形で遣唐使の派遣を再開します。それまで日本は「倭」という国号を用いていましたが、当時、最大の権力者であった則天武后が「日本」という国号を認めたことにより、これ以後「日本」という国号が用いられるようになりました。「日本」は、その後、現在まで1300年以上にわたって使われ続けていますが、このように歴史的に長く用いられている国号は、世界中で「日本」だけです。

　　第6代玄宗皇帝の時代に唐は安定期を迎えますが、755年に「安史の乱」が起こると国力は衰え、国内情勢も不安定となりました。その後、菅原道真の建議によって日本は894年に遣唐使の派遣を停止、そしていわゆる「国風文化」の時代に入っていきます。

　　遣唐使の実態は、日本から船で2～3か月かけて長安を目指すという苛酷なもので、10年～20年に1度の派遣でした。帰国の方法は次の遣唐使船の到着を待つ以外になく、無事に帰還できたのは6割程度でした。渡海で遭難した人々は、国際政治あるいは外交の犠牲者ということができます。

　　遣唐使は、(1)使節、(2)通訳、(3)船員、(4)技手、(5)技術研修生、(6)留学者で構成され、その中には、その後の日本文化に大きな足跡を残した粟田真人、井真成、阿倍仲麻呂、吉備真備、最澄、空海などがいます。

　　遣唐使の特徴は、少数のエリートが日本の発展に有益なものだけを持ち帰り、日本がそれらを一方的に受容したことです。唐から輸入したものはほとんどが文献と文物であり、大陸からの来日者はわずかでした。

　　日本は遣唐使を派遣してからわずか50年足らずで高度な「唐風文化」を完成させました。遣唐使が千年以上前の出来事であるということを考えれば、当時の外来文化の吸収のスピードは、明治期の欧風化よりもさらに速かったということができます。

● 本文

　　为了学习佛教和隋朝先进的文化，日本从公元600年开始向隋朝派遣隋使，在18年中一共派遣了四批。

　　公元607年，当第二批遣隋使被派出的时候，使者小野妹子将圣德太子的国书交给了隋朝第二代皇帝炀帝。国书开头写着；"日出处天子致书日没处天子无恙"。据说炀帝为此大怒，他认为日方的说法是在显示和隋朝的平等地位，这是违反礼数的。但是，圣德太子的本意似乎并不是这样，"日出处"是指从隋朝看位于东方的日本，"日没处"则指从日本看位于西方的隋朝。

　　遣隋使的重要使命是学习佛教，但派去的精英们却有了新的发现，那就是学习国家制度的重要性。到后来，遣唐使把各种制度引进到日本，唯独没有引进宦官制度和科举制度。

　　隋朝于公元618年灭亡，中国成了唐朝的天下。

　　从630年到894年的大约260年间，日本一共派出了十六批遣唐使。在最初40年中，一共派出了七批。在这段时间里日本发生了很多大事。首先，645年的"大化改新"使日本产生了中央集权国家。其次，由于在663年的"白村江之役"中败给了新罗和唐朝的联军，日本无法在外交上建立同唐朝对等的关系了，便派遣唐使表示对唐朝的恭顺之意。672年，发生"壬申之乱"，次年天武天皇即位。从唐朝学来的律令国家体制，即以公地公民制为基础的中央集权国家体制得到了迅速的确立。

　　在经过30年的空白后，702年，日本完全以向唐朝朝贡的形式恢复派遣唐使，这是第八批。此时中国正被武则天统治着。以前日本使用"倭"这一国号，由于武则天认可了"日本"这一国号，此后开始使用，这一用就是一千三百多年。这样历史悠久的国号在世界上是绝无仅有的。

　　712年，第六代玄宗皇帝即位，这个时期的唐朝进入稳定期。755年，"安史之乱"爆发，唐朝国力以此为转折点开始由盛变衰，国内形势也趋于不稳定。进入9世纪后，仅仅在804年和838年派出了两批遣唐使。后来根据菅原道真的建议，日本从894年停止派出遣唐使，直到907年唐朝灭亡。日本进入了所谓"国风文化"时代。

　　遣唐使的实际情况是这样的：

　　首先，从日本乘船两三个月奔赴长安。每隔10到20年派一次，每艘"遣唐使船"大致乘100人，每次派四艘。然而，大约有四成遣唐使或在途中遇难或死在大陆，能够平安回到日本的只有六成左右。以遣唐使身份去唐朝的人，除了等待下一批"遣唐使船"的到来，没有别的办法返回日本，他们不能随便回国。那些在航海过程中遇难的人，可以说是国际政治或者外交上的牺牲品吧。

　　遣唐使的成员是由使节、翻译、船员、技术员、技术研修生和留学者构成的。其中包括在后来的日本文化中留下伟大足迹的粟田真人、井真成、阿倍仲麻吕、吉备真备、最澄、空海等人。

　　假如没接触唐文化，日本是不可能完成古代国家的建设的。遣唐使的特征是，少数日本遣唐精英选取对日本的发展有益的东西带回日本，日本单方面地接受了它们。从唐朝输入的几乎都是文献和文物，而鲜有人员往来。日本从开始派遣唐使不到50年就完成了高度的"唐风文化"。考虑到遣唐使是一千多年前的事，不能不说在对外来文化吸收的速度上比明治时期的欧化更快。

本文を中国語で発音し、精読していきましょう。

为了 学习 佛教 和 隋朝 先进 的 文化，日本 从 公元
Wèile xuéxí Fójiào hé Suí-cháo xiānjìn de wénhuà, Rìběn cóng gōngyuán
600年 开始 向 隋朝 派 遣隋使，在 18年 中 一共
liùlínglíng-nián kāishǐ xiàng Suí-cháo pài Qiǎn-Suí-shǐ, zài shíbā-nián zhōng yígòng
派遣了 四批[1]。
pàiqiǎnle sì-pī.

公元 607年，当 第二批 遣隋使 被 派出 的 时候，使者
Gōngyuán liùlíngqī-nián, dāng dì-èr-pī Qiǎn-Suí-shǐ bèi pàichū de shíhou, shǐzhě
小野妹子 将 圣德太子 的 国书 交给了 隋朝 第二代 皇帝 炀帝[2]。
Xiǎoyě-Mèizǐ jiāng Shèngdétàizǐ de guóshū jiāogěile Suí-cháo dì-èr-dài huángdì Yángdì.
国书 开头[3] 写着；"日 出 处 天子 致书 日 没 处 天子 无恙"。
Guóshū kāitóu xiězhe; "Rì chū chù tiānzǐ zhìshū rì mò chù tiānzǐ wúyàng".
据说[4] 炀帝 为此[5] 大怒，他 认为 日方 的 说法 是 在 显示[6] 和
Jùshuō Yángdì wèicǐ dànù, tā rènwéi Rìfāng de shuōfǎ shì zài xiǎnshì hé
隋朝 的 平等 地位，这 是 违反[7] 礼数[8] 的。但是，圣德太子 的
Suí-cháo de píngděng dìwèi, zhè shì wéifǎn lǐshù de. Dànshi, Shèngdétàizǐ de
本意 似乎[9] 并[10] 不 是 这样，"日 出 处" 是 指 从 隋朝 看 位于
běnyì sìhū bìng bú shì zhèyang, "rì chū chù" shì zhǐ cóng Suí-cháo kàn wèiyú
东方 的 日本，"日 没 处" 则 指 从 日本 看 位于 西方 的 隋朝。
dōngfāng de Rìběn, "rì mò chù" zé zhǐ cóng Rìběn kàn wèiyú xīfāng de Suí-cháo.

遣隋使 的 重要 使命 是 学习 佛教，但 派去 的 精英[11]们
Qiǎn-Suí-shǐ de zhòngyào shǐmìng shì xuéxí Fójiào, dàn pàiqu de jīngyīngmen
却 有了新的 发现，那 就是 学习 国家 制度 的 重要性。到 后来，
què yǒule xīn de fāxiàn, nà jiùshi xuéxí guójiā zhìdù de zhòngyàoxìng. Dào hòulái,
遣唐使 把 各种 制度 引进[12]到 日本，唯独 没有 引进 宦官[13]
Qiǎn-Táng-shǐ bǎ gèzhǒng zhìdù yǐnjìndào Rìběn, wéidú méiyou yǐnjìn huànguān
制度 和 科举[14] 制度。
zhìdù hé kējǔ zhìdù.

語注

1. 批　　pī　　　　回数を表わす
2. 炀帝　Yándì　　　炀帝，ヨウダイ
3. 开头　kāitóu　　　最初（に），初め（に）
4. 据说　jùshuō　　　～だそうである
5. 为此　wèicǐ　　　このために
6. 显示　xiǎnshì　　　明らかに示す
7. 违反　wéifǎn　　　違反する
8. 礼数　lǐshù　　　礼儀
9. 似乎　sìhū　　　～のようであるる
10. 并不是　bìng bú shì　決して～ではない
11. 精英　jīngyīng　エリート
12. 引进　yǐnjìn　引き入れる，導入する
13. 宦官　huànguān　カンガン。後宮に仕えた，去勢された男性
14. 科举　kējǔ　科挙，カキョ。隋代に始まり，清代末期に廃止された官吏登用の試験制度

隋朝 于 公元 618年 灭亡[15], 中国 成了 唐朝 的 天下。
Suí-cháo yú gōngyuán liùyībā-nián mièwáng, Zhōngguó chéngle Táng-cháo de tiānxià.

从 630年 到 894年 的 大约 260年 间, 日本 一共 派出了 十六批 遣唐使。在 最初 40年 中, 一共 派出了 七批。在 这段 时间里 日本 发生了 很多 大事。首先, 645年 的"大化 改新"使 日本 产生了 中央 集权 国家。其次, 由于[16] 在 663年 的"白村江 之 役"中 败给了 新罗[17] 和 唐朝 的 联军[18], 日本 无法[19] 在 外交上 建立 同 唐朝 对等 的 关系 了, 便 派 遣唐使 表示 对 唐朝 的 恭顺 之 意。672年, 发生"壬申 之 乱", 次年 天武天皇 即位。从 唐朝 学来 的 律令 国家 体制, 即 以[20] 公地 公民 制 为 基础 的 中央 集权 国家 体制 得到了 迅速 的 确立。
Cóng liùsānlíng-nián dào bājiǔsì-nián de dàyuē èrbǎiliùshí-nián jiān, Rìběn yígòng pàichūle shíliù-pī Qiǎn-Táng-shǐ. Zài zuìchū sìshí-nián zhōng, yígòng pàichūle qī-pī. Zài zhè-duàn shíjiānli Rìběn fāshēngle hěn duō dàshì. Shǒuxiān, liùsìwǔ-nián de "Dàhuà gǎixīn" shǐ Rìběn chǎnshēngle zhōngyāng jíquán guójiā. Qícì, yóuyú zài liùliùsān-nián de "Báicūnjiāng zhī yì" zhōng bàigěile Xīnluó hé Táng-cháo de liánjūn, Rìběn wúfǎ zài wàijiāoshang jiànlì tóng Táng-cháo duìděng de guānxi le, biàn pài Qiǎn-Táng-shǐ biǎoshì duì Táng-cháo de gōngshùn zhī yì. Liùqī'èr-nián, fāshēng "Rénshēn zhī luàn", cìnián Tiānwǔ-tiānhuáng jíwèi. Cóng Táng-cháo xuélai de lǜlìng guójiā tǐzhì, jí yǐ gōngdì gōngmín zhì wéi jīchǔ de zhōngyāng jíquán guójiā tǐzhì dédàole xùnsù de quèlì.

在 经过 30年 的 空白 后, 702年, 日本 完全 以 向 唐朝 朝贡 的 形式 恢复[21] 派 遣唐使, 这 是 第八批。此时 中国 正 被 武则天[22] 统治着。以前 日本 使用"倭"这 一 国号, 由于 武则天 认可[23]了"日本"这 一 国号, 此后 开始 使用, 这 一 用 就是 一千三百多年。这样 历史 悠久 的 国号 在 世界上 是 绝无仅有[24] 的。
Zài jīngguò sānshí-nián de kòngbái hòu, qīlíng'èr-nián, Rìběn wánquán yǐ xiàng Táng-cháo cháogòng de xíngshì huīfù pài Qiǎn-Táng-shǐ, zhè shì dì-bā-pī. Cǐshí Zhōngguó zhèng bèi Wǔzétiān tǒngzhìzhe. Yǐqián Rìběn shǐyòng "Wō" zhè yī guóhào, yóuyú Wǔzétiān rènkěle "Rìběn" zhè yī guóhào, cǐhòu kāishǐ shǐyòng, zhè yí yòng jiùshì yìqiānsānbǎiduō-nián. Zhèyang lìshǐ yōujiǔ de guóhào zài shìjièshang shì juéwújǐnyǒu de.

15. 灭亡 mièwáng 滅亡する
16. 由于~ yóuyú~ ~によって
17. 新罗 Xīnluó 新羅、しんら（しらぎ）
18. 联军 liánjūn 連合軍
19. 无法 wúfǎ すべがない、打つ手がない
20. 以A 为B yǐ A wéi B AをBとする
21. 恢复 huīfù 回復する
22. 武则天 Wǔzétiān 則天武后のこと。中国史上唯一の女帝
23. 认可 rènkě 許可する、承諾する
24. 绝无仅有 juéwújǐnyǒu 成語 極めて少ない

712年，第六代玄宗皇帝即位，这个时期的唐朝进入稳定期。755年，"安史之乱[25]"爆发，唐朝国力以此为转折点开始由[26]盛变衰，国内形势也趋于[27]不稳定。进入9世纪后，仅仅[28]在804年和838年派出了两批遣唐使。后来根据[29]菅原道真的建议，日本从894年停止派出遣唐使，直到907年唐朝灭亡。日本进入了所谓"国风文化"时代。

遣唐使的实际情况是这样的：

首先，从日本乘船两三个月奔赴长安。每隔10到20年派一次，每艘[30]"遣唐使船"大致[31]乘100人，每次派四艘。然而[32]，大约有四成[33]遣唐使或在途中遇难[34]或死在大陆，能够平安回到日本的只有六成左右。以遣唐使身份去唐朝的人，除了等待下[35]一批"遣唐使船"的到来，没有别的办法[36]返回日本，他们不能随便[37]回国。那些在航海过程中遇难的人，可以说是国际

---

25. 安史之乱 Ān-Shǐ zhī luàn 安史の乱。安禄山と史思明による反乱。755年から763年まで続いた。
26. 由 yóu ～から。起点を表わす
27. 趋于 qūyú ～の方向へ向かって行く、～となる
28. 仅仅 jǐnjǐn わずかに
29. 根据 gēnjù ～に基づいて
30. 艘 sōu 船の数え方
31. 大致 dàzhì だいたい、おおよそ
32. 然而 rán'ér しかし
33. 成 chéng 10分の1をいう。
   （例）四成（sì-chéng）＝四割のこと
34. 遇难 yùnàn 遭難する
35. 下 xià 次の
36. 办法 bànfǎ 方法
37. 随便 suíbiàn 自由に、勝手に

政治或者外交上的牺牲品[38]吧。

遣唐使的成员[39]是由使节、翻译、船员、技术员、技术研修生和留学者构成[40]的。其中包括[41]在后来的日本文化中留下[42]伟大足迹的粟田真人[43]、井真成[44]、阿倍仲麻吕[45]、吉备真备[46]、最澄[47]、空海[48]等人。假如[49]没接触唐文化，日本是不可能完成古代国家的建设的。遣唐使的特征是，少数日本"遣唐"精英选取[50]对日本的发展有益的东西带回日本，日本单方面地接受了它们。从唐朝输入的几乎[51]都是文献和文物，而鲜有[52]人员往来。日本从开始派遣唐使不到50年就完成了高度的"唐风文化"。考虑[53]到遣唐使是一千多年前的事，不能不说在对外来文化吸收的速度上比明治时代的欧化更快。

38. 牺牲品	xīshēngpǐn	犠牲者	
39. 成员	chéngyuán	メンバー	
40. 构成	gòuchéng	構成する	
41. 包括	bāokuò	含む	
42. 留下	liúxià	残し伝える	
43. 粟田真人	Sùtián-Zhēnrén	あわたのまひと。第八次遣唐使（702年）の全権大使	
44. 井真成	Jǐng-Zhēnchéng	いのまなり、せいしんせい。713年に入唐。玄宗皇帝が彼に高い官位を贈り、またその死を悲しんだことが書かれた墓碑が、2004年に西安で発見された	
45. 阿倍仲麻吕	Ābèi-Zhòngmálǚ	あべのなかまろ。713年に入唐。科挙試験に合格し、玄宗皇帝に寵愛された。72歳で唐で逝去	
46. 吉备真备	Jíbèi-Zhēnbèi	きびのまきび。713年と751年に入唐。基本となる漢籍を日本にもたらした。学者政治家	
47. 最澄	Zuìchéng	さいちょう。804年に留学僧として入唐、翌年帰国。日本天台宗の開祖、伝教大師	
48. 空海	Kōnghǎi	くうかい。804年に技術研修生として入唐。806年に帰国。真言宗の開祖、弘法大師	
49. 假如	jiǎrú	もし～なら	
50. 选取	xuǎnqǔ	選択する	
51. 几乎	jīhū	ほとんど	
52. 鲜有	xiǎnyǒu	非常に少ない、珍しい	
53. 考虑	kǎolǜ	考えに入れる	

鉴真和尚与荣叡、普照

基礎知識

　753年（天平勝宝5年）、鑑真は6度目の渡海で、唐から日本に到着しました。彼は日本における律宗の開祖であり、仏教の戒律を確立した帰化僧です。「戒律」の「戒」とは自分を律する内面的な道徳規範であり、「律」とは僧団で守るべき集団規則のことです。また、鑑真が奈良に律宗の本山として私寺の唐招提寺を開いたことは有名です。

　鑑真は688年に唐の揚州（現在の江蘇省南西部）で生まれました。14歳で出家、20歳で長安に入り、21歳で大乗仏教の宗派の1つである律宗と天台宗を学びました。25歳で初めて僧侶たちに戒律の講義を行い、4万人以上の人々に授戒を行ったと言われています。

　8世紀初め、日本では僧侶が納税義務を免除されていたため、官の許可なく僧を自称した私度僧が多くいました。この頃日本では正式な授戒の制度がなく、戒律を授けることのできる僧はいませんでした。そこで、戒律を授けることのできる僧を唐から招くため、奈良の興福寺の僧であった栄叡（ようえい）と普照（ふしょう）が遣唐使に選ばれ、733年、長安に向かいました。

　2人は洛陽と長安で10年間にわたる修行を行う一方で、日本に来て戒律を広めてくれる高僧を探しますが見つかりません。742年に2人は、揚州の大明寺の住職で、戒律に精通していることで有名であった鑑真を訪ねました。2人の希望を聞いた鑑真は、弟子たちに渡日する志のあるものはいないかと尋ねましたが、誰も名乗り出ません。そこで鑑真は自ら渡日することを決意し、その結果、21名の弟子が随行を願い出ました。

　1度目の渡日は743年で、この時は鑑真の弟子の密告で失敗。その後も4度、渡日を試みますが、すべて失敗。この間に栄叡が端州（現在の広東省の都市）で死去し、鑑真も激しい疲労によって両目を失明してしまいます。それでも753年に6度目の渡航でついに普照とともに日本に到着します。この時鑑真は66歳でした。

　754年2月、鑑真は平城京に到着。孝謙天皇の勅により、「大僧都（当時の日本仏教界の最高指導者）」に任命され、戒壇（戒律を授ける場所）の設立と授戒について任されます。鑑真は普照とともに東大寺に住み、同年4月、東大寺大仏殿に戒壇を築き、聖武上皇、孝謙天皇をはじめとする400名以上に授戒を行いました。

　759年、鑑真は奈良に唐招提寺を創建し、戒壇を設置しました。鑑真は戒律の他、彫刻や薬草などの知識も日本に伝え、悲田院を作って、貧しい人々の救済にも力を尽くしました。

　763年、鑑真は唐招提寺で76年の生涯を終えました。鑑真の死を惜しんだ弟子の忍基が鑑真の影像を造り、これは日本最古の肖像彫刻として、現在まで唐招提寺に所蔵されています。

　鑑真と遣唐使の栄叡、普照の話は井上靖の小説『天平の甍』で見事に描かれています。

● 本文

　　753年，一位唐朝高僧在历经五次失败后，终于东渡成功，他就是鉴真和尚。他入了日本籍，是日本律宗的开山祖师。是他制定了佛教中必须遵守的道德规范和规则等戒律。位于奈良的律宗的总寺院唐招提寺就是他主持建立的。我们来看看鉴真和尚的生平吧。

　　鉴真于688年出生在扬州。他14岁出家，20岁到了长安。21岁时学习并掌握了大乘佛教宗派之一的律宗和天台宗。律宗是研究、传承佛教徒和僧尼应该遵守的戒律的宗派。"戒"指约束自己的精神方面的道德规范，"律"则指僧人集团的集体守则。

　　鉴真25岁时首次为僧侣们讲授戒律，据称他为四万多人授了戒。

　　8世纪初，由于日本免除了僧侣的纳税义务，出现了许多未经官方许可而自称僧人的私度僧。这个时期还没有建立正式的授戒制度，因而没有能够正式传授佛教戒律的僧人。在此背景下，奈良兴福寺僧侣荣叡和普照被选为第九次遣唐使成员，为了从唐朝聘请能够给佛教信徒传授戒律的僧人，朝着长安出发了。733年，每艘载着一百多人的四艘遣唐使船从位于当今大阪湾的难波津启航了。他们先抵达扬州，然后沿着运河驶向长安。这两位僧人在洛阳和长安修行了十年，这期间积极寻找愿到日本弘法授戒的高僧，却迟迟找不到合适的人。742年，两人来到扬州的大明寺，拜访了因精通戒律而有名的高僧鉴真。鉴真接受了他们二位的请求后，便问众弟子中有没有愿意赴日传教的，可是没有一个人肯站出来。于是，他决定亲自东渡。结果有二十一位弟子表示愿意随行。

　　首次东渡发生在荣叡和普照见到鉴真后的次年，即743年。这次因鉴真弟子的告密而失败。第二次是744年，这次因遭遇暴风雨而失败。同年进行了第三次尝试，却因为不忍让鉴真东渡的人的告密而失败。紧接着第四次也是因弟子的阻挠和告状而失败。748年，荣叡再次前往大明寺拜访、恳求，使鉴真下决心进行第五次东渡，又因为遭到暴风雨而失败。751年，荣叡在端州去世，鉴真因劳累过度而双目失明。尽管玄宗皇帝不允许鉴真东渡日本，但他还是在753年进行了第六次尝试，终于和普照一起抵达日本。这年鉴真已经66岁了。

　　754年2月，鉴真到达平城京。孝谦天皇任命他为"大僧都"，命他设立戒坛并授戒。大僧都是当时日本佛教界最高职位。鉴真和普照居住在东大寺，同年4月，在东大寺大佛殿里设立了戒坛，为以圣武天皇、孝谦天皇为首的四百多人授了戒。

　　759年，鉴真在奈良创建了唐招提寺，还设置了戒坛。除了戒律以外，他还把雕刻、药草等知识传授到日本。他创建了悲田院，为救济穷人而尽心尽力。763年，鉴真在唐招提寺圆寂，终年76岁。为了纪念他，一位叫忍基的弟子为他制作了一尊雕像，这是日本最早的肖像雕刻作品，至今还保存在唐招提寺里。

　　鉴真和遣唐使荣叡、普照的佳话，在井上靖的小说《天平之甍》中有形象生动的描写，请一定读一读。

本文を中国語で発音し、精読していきましょう。

753年，一位 唐朝 高僧 在 历经[1] 五次 失败 后，终于
Qīwǔsān-nián, yí-wèi Táng-cháo gāosēng zài lìjīng wǔ-cì shībài hòu, zhōngyú
东渡[2] 成功，他 就是 鉴真 和尚。他 入了 日本 籍，是 日本 律宗
dōngdù chénggōng, tā jiùshi Jiànzhēn héshang. Tā rùle Rìběn jí, shì Rìběn lǜzōng
的 开山 祖师。是 他 制定了 佛教 中 必须 遵守 的 道德 规范
de kāishān zǔshī. Shì tā zhìdìngle Fójiào zhōng bìxū zūnshǒu de dàodé guīfàn
和 规则 等 戒律。位于[3] 奈良 的 律宗 的 总寺院[4] 唐招提寺 就是
hé guīzé děng jièlǜ. Wèiyú Nàiliáng de Lǜzōng de zǒngsìyuàn Tángzhāotísì jiùshì
他 主持[5] 建立 的。我们 来 看看 鉴真 和尚 的 生平[6] 吧。
tā zhǔchí jiànlì de. Wǒmen lái kànkan Jiànzhēn héshang de shēngpíng ba.

鉴真 于 688年 出生在 扬州[7]。他 14岁 出家，20岁 到了
Jiànzhēn yú liùbābā-nián chūshēngzài Yángzhōu. Tā shísì-suì chūjiā, èrshí-suì dàole
长安。21岁 时 学习 并 掌握了 大乘佛教 宗派 之 一 的
Cháng'ān. Èrshíyī-suì shí xuéxí bìng zhǎngwòle Dàchéng-Fójiào zōngpài zhī yī de
律宗 和 天台宗。律宗 是 研究、传承 佛教徒 和 僧尼[8] 应该
Lǜzōng hé Tiāntáizōng. Lǜzōng shì yánjiū, chuánchéng Fójiàotú hé sēngní yīnggāi
遵守 的 戒律 的 宗派。"戒" 指 约束[9] 自己 的 精神 方面
zūnshǒu de jièlǜ de zōngpài. "Jiè" zhǐ yuēshù zìjǐ de jīngshén fāngmiàn
的 道德 规范，"律" 则 指 僧人 集团 的 集体 守则。
de dàodé guīfàn, "lǜ" zé zhǐ sēngrén jítuán de jítǐ shǒuzé.

鉴真 25岁 时 首次[10] 为 僧侣们 讲授 戒律，据称[11] 他 为
Jiànzhēn èrshíwǔ-suì shí shǒucì wèi sēnglǚmen jiǎngshòu jièlǜ, jùchēng tā wèi
四万多人 授了 戒。
sìwànduō-rén shòule jiè.

8世纪 初，由于[12] 日本 免除了 僧侣 的 纳税 义务，出现了
Bā-shìjì chū, yóuyú Rìběn miǎnchúle sēnglǚ de nàshuì yìwù, chūxiànle
许多 未经[13] 官方 许可 而 自称 僧人 的 私度僧[14]。这个 时期 还
xǔduō wèijīng guānfāng xǔkě ér zìchēng sēngrén de sīdùsēng. Zhège shíqī hái

語注

1. 历经　　lìjīng　　（苦労を）何度も経験する
2. 东渡　　dōngdù　　日本へ行く，訪日する
3. 位于　　wèiyú　　～に位置する
4. 总寺院　zǒngsìyuàn　本山
5. 主持　　zhǔchí　　主管する
6. 生平　　shēngpíng　（個人の）一生，生涯
7. 扬州　　Yángzhōu　揚州, ヨウシュウ。現在の江蘇省にある都市
8. 僧尼　　sēngní　　僧と尼僧
9. 约束　　yuēshù　　律する，制限する
10. 首次　　shǒucì　　初めて
11. 据称　　jùchēng　　～だそうである
12. 由于　　yóuyú　　～なので
13. 未经　　wèijīng　　まだ～していない
14. 私度僧　sīdùsēng　官許を得ずに僧尼となった者

没有 建立 正式 的 授戒 制度，因而[15] 没有 能够 正式 传授
méiyou jiànlì zhèngshì de shòujiè zhìdù, yīn'ér méiyou nénggòu zhèngshì chuánshòu

佛教 戒律 的 僧人。在 此 背景 下，奈良 兴福寺 僧侣 荣叡[16] 和
Fójiào jièlǜ de sēngrén. Zài cǐ bèijǐng xià, Nàiliáng Xīngfúsì sēnglǚ Róngruì hé

普照[17] 被 选为 第九次 遣唐使 成员[18]，为了[19] 从 唐朝 聘请[20]
Pǔzhào bèi xuǎnwéi dì-jiǔ-cì Qiǎn-Táng-shǐ chéngyuán, wèile cóng Táng-cháo pìnqǐng

能够 给 佛教 信徒 传授 戒律 的 僧人，朝着[21] 长安 出发了。
nénggòu gěi Fójiào xìntú chuánshòu jièlǜ de sēngrén, cháozhe Cháng'ān chūfāle.

733年，每 艘[22] 载着 一百多人 的 四艘 "遣唐使 船" 从
Qīsānsān-nián, měi sōu zàizhe yìbǎiduō-rén de sì-sōu "Qiǎn-Táng-shǐ chuán" cóng

位于 当今 大阪湾 的 难波津 启航[23]了。他们 先 抵达[24] 扬州，然后
wèiyú dāngjīn Dàbǎnwān de Nánbōjīn qǐhángle. Tāmen xiān dǐdá Yángzhōu, ránhòu

沿着 运河 驶向[25] 长安。这 两位 僧人 在 洛阳 和 长安 修行了
yánzhe yùnhé shǐxiàng Cháng'ān. Zhè liǎng-wèi sēngrén zài Luòyáng hé Cháng'ān xiūxíngle

十年，这 期间 积极 寻找 愿意 到 日本 弘法[26] 授戒 的 高僧，却
shínián, zhè qījiān jījí xúnzhǎo yuànyì dào Rìběn hóngfǎ shòujiè de gāosēng, què

迟迟[27] 找不到[28] 合适 的 人。742年，两人 来到 扬州 的 大明寺，
chíchí zhǎobudào héshì de rén. Qīsì'èr-nián, liǎng-rén láidào Yángzhōu de Dàmíngsì,

拜访了 因 精通 戒律 而 有名 的 高僧 鉴真。鉴真 接受了 他们
bàifǎngle yīn jīngtōng jièlǜ ér yǒumíng de gāosēng Jiànzhēn. Jiànzhēn jiēshòule tāmen

二位 的 请求[29] 后，便 问 众[30] 弟子 中 有 没有 愿意 赴日 传教[31]
èr-wèi de qǐngqiú hòu, biàn wèn zhòng dìzǐ zhōng yǒu méiyou yuànyì fù Rì chuánjiào

的，可是 没有 一个 人 肯[32] 站出来。于是[33]，他 决定 亲自[34] 东渡。
de, kěshi méiyou yíge rén kěn zhànchūlai. Yúshì, tā juédìng qīnzì dōngdù.

结果 有 21位 弟子 表示 愿意 随行。
Jiéguǒ yǒu èrshiyī-wèi dìzǐ biǎoshì yuànyì suíxíng.

　　首次 东渡 发生 在 荣叡 和 普照 见到 鉴真 后 的 次年，
Shǒucì dōngdù fāshēng zài Róngruì hé Pǔzhào jiàndào Jiànzhēn hòu de cìnián,

即 743年。这次 因 鉴真 弟子 的 告密 而 失败。第二次 是
jí qīsìsān-nián. Zhè-cì yīn Jiànzhēn dìzǐ de gàomì ér shībài. Dì-èr-cì shì

15.	因而	yīn'ér	それによって，それゆえに	25.	驶向	shǐxiàng	～に向かって疾走する
16.	荣叡	Róngruì	ようえい	26.	弘法	hóngfǎ	仏法を広める
17.	普照	Pǔzhào	ふしょう	27.	迟迟	chíchí	遅々としている
18.	成员	chéngyuán	メンバー	28.	找不到	zhǎobudào	見つけることができない
19.	为了	wèile	～のために	29.	请求	qǐngqiú	願い，要望
20.	聘请	pìnqǐng	招へいする	30.	众	zhòng	多い
21.	朝着	cháozhe	～に向かって	31.	传教	chuánjiào	伝え教える
22.	艘	sōu	船の数え方	32.	肯	kěn	すすんで～する
23.	启航	qǐháng	出航する	33.	于是	yúshì	そこで
24.	抵达	dǐdá	到着する	34.	亲自	qīnzì	自ら，自身で

第二十二课　鉴真和尚与荣叡、普照

744年，这次因遭遇暴风雨而失败。同年进行了第三次尝试[35]，却因为不忍[36]让鉴真东渡的人的告密而失败。紧接着[37]第四次也是因弟子的阻挠[38]和告状[39]而失败。

748年，荣叡再次前往[40]大明寺拜访、恳求[41]，使鉴真下决心进行第五次东渡，又因为遭到暴风雨而失败。751年，荣叡在端州[42]去世，鉴真因劳累[43]过度[44]而双目失明。尽管[45]玄宗皇帝不允许鉴真东渡日本，但他还是在753年进行了第六次尝试，终于和普照一起抵达日本。这年鉴真已经66岁了。

754年2月，鉴真到达[46]平城京。孝谦天皇[47]任命他为"大僧都"，命他设立戒坛[48]并授戒。大僧都是当时日本佛教界最高职位。鉴真和普照居住在东大寺，同年4月，在东大寺大佛殿里设立了戒坛，为以[49]圣武天皇[50]、孝谦天皇为首的四百多人授了戒。

---

35. 尝试　chángshì　試みる
36. 不忍　bùrěn　耐えられない
37. 紧接着　jǐnjiēzhe　すぐその後に，引き続いて
38. 阻挠　zǔnáo　妨害
39. 告状　gàozhuàng　（行政機関に）訴えること
40. 前往　qiánwǎng　行く，赴く
41. 恳求　kěnqiú　懇願する
42. 端州　Duānzhōu　タンシュウ。現在の広東省の都市
43. 劳累　láolèi　（働きすぎなどでの）疲労
44. 过度　guòdù　過度である
45. 尽管　jǐnguǎn　〜にもかかわらず
46. 到达　dàodá　到着する
47. 孝谦天皇　Xiàoqiān-tiānhuáng　孝謙天皇。奈良後期の女帝，聖武天皇の第二皇女
48. 戒坛　jiètán　戒壇。戒律を授ける場所
49. 以A，为B　yǐ A, wéi B　AをBとする
50. 圣武天皇　Shèngwǔ-tiānhuáng　聖武天皇。奈良中期の天皇，仏教に深く帰依し，全国に国分寺・国分尼寺，奈良に東大寺を建て，大仏を造立した

759年，鉴真在奈良创建了唐招提寺，还设置了戒坛。除了戒律以外，他还把雕刻、药草等知识传授到日本。他创建了悲田院，为救济穷人[51]而尽心竭力[52]。763年，鉴真在唐招提寺圆寂[53]，终年[54]76岁。为了纪念他，一位叫忍基的弟子为他制作了一尊[55]雕像[56]，这是日本最早的肖像雕刻作品，至今[57]还保存在唐招提寺里。

鉴真和遣唐使荣叡、普照的佳话[58]，在井上靖的小说《天平之甍》中有形象[59]生动[60]的描写，请一定读一读。

▲ 鑑真和尚が住職を務めた大明寺（揚州）

51.	穷人	qióngrén	貧しい人
52.	尽心竭力	jìnxīnjiélì	成語 全精力を傾ける
53.	圆寂	yuánjì	高僧が死ぬこと
54.	终年	zhōngnián	享年
55.	尊	zūn	彫像を数える数え方
56.	雕像	diāoxiàng	彫像
57.	至今	zhìjīn	今なお
58.	佳话	jiāhuà	美談
59.	形象	xíngxiàng	（具体的で）真に迫っている
60.	生动	shēngdòng	生き生きとしている

第二十三课
清末到民国时期的来日中国留学生

基礎知識

　　中国は清王朝の末期、2度のアヘン戦争によって英国軍と英仏連合軍に敗北しました。第1回目は1840～42年、第2回目は1856～60年で、第2回目をアロー戦争と呼ぶこともあります。当時の清王朝はこの敗北の深刻さに気づかず、敗北後も英国を侮蔑して「英夷」と呼び続けました。そんな中、清王朝の役人で、危機感を感じていたのが魏源です。彼は軍事地理思想と海防思想を説く『海国図志』（50巻）を著し、1843年に揚州で出版されました。彼はその中で「師夷長技以制夷」（野蛮な外国の技術を学んで、外国を制する）と提唱しました。しかし、当時の清王朝は、魏源が提唱した改革の必要性を認識することができませんでした。

　　第一次アヘン戦争敗北後、1842年に清王朝は英国との間で南京条約を結びました。そしてこの条約の中で、近代的な主権国家の名称として、初めて漢文の「中国」という用語が使用されました。

　　アヘン戦争での清王朝敗北のニュースは、清の商人によってすぐに日本に伝えられ、その国際的意味は、清王朝よりむしろ幕末の日本の知識人に深く理解されました。魏源の『海国図志』もすぐに日本に伝えられ、江戸幕府はこれを禁書としましたが、多くの知識人の間で日本の体制転換が急務であるとの認識が高まりました。それが江戸幕府の開国、崩壊、そして1868年の明治新政府成立へと繋がっていきました。

　　その後、清王朝と日本は1871年に日清修好条規を締結し、894年に遣唐使が中止となって以来、初めて正式な国交が開かれました。1877年、清王朝は東京に日本公使館（現在の大使館）を開設しました。その公使館員の多くは科挙試験合格者で、その中の一人である黄遵憲は帰国後、『日本国志』を著して日本事情を紹介し、日本の明治維新を比較的高く評価しています。

　　その後、1894年に日清戦争が起こり、1895年に日本が勝利します。すると翌年、清国は13名の官費留学生を、それまで小国と見下していた日本に派遣、1899年には200名、1902年には500名の官費留学生を日本に派遣します。さらに1904年には日露戦争が起こります。翌年この日露戦争にも日本が勝利すると、日本に対する中国側の関心が非常に高まり、1905年には官費、私費を合わせて1万人を超える留学生が清国から日本にやってきました。この中には孫文、蔡鍔、陳独秀、魯迅、周作人（魯迅の弟）、蒋介石、李四光などが含まれています。さらに中華民国成立後に日本に留学した代表的な人物としては、郭沫若、周恩来、張大千、田漢などもいます。

　　遣隋使、遣唐使で中国へ渡った人員の総数は約7千人、一方、清朝末期から民国時代に中国から日本へ渡った留学者の総数は2万人余りです。しかし遣隋使、遣唐使が、命がけで中国に渡って吸収しようとしたのが、隋や唐の最先端の文化そのものであったのに対して、清朝から民国期に日本に渡った留学者が吸収しようとしたのは、そのほとんどが日本の文化そのものではなく、日本が摂取した欧米の最先端の文化でした。

本文

  中国到了清末,在先后两次鸦片战争中败给了英军和英法联军。由于第一次鸦片战争的主战场在南方的广东,远离首都北京,再加上其他因素,当时的清政府没有认识到战败的严重性,竟然在吃了败仗后还继续蔑称英国为"英夷"。但是,清政府官员中也有产生危机感的人,其中之一就是出生于湖南省的魏源。魏源考取进士后在地方上做官,是林则徐的智囊,1843年在扬州出版了一部论述军事地理思想和海防思想的《海国图志》,共50卷。他在书中倡导"师夷长技以制夷"。顺便说一下,"中国"这一词汇虽然古来有之,但作为表示近代主权国家概念的名称,是在第一次鸦片战争之后清政府同英国签订的《南京条约》中开始使用的,那是1842年的事儿。

  清朝在鸦片战争中战败的消息,很快就被清朝的商人们传到了日本。当时日本正处于江户幕府时代末期,很多日本人深刻地认识到清朝的失败在国际社会上意味着什么,不少知识分子有了危机感。魏源的《海国图志》也很快传到了日本。这套书虽然被江户幕府列为禁书,但佐久间象山和吉田松阴等人还是读到了。在日本国内,越来越多的人形成了一个共识,那就是改变现行体制乃当务之急。这导致了江户幕府的开国、崩溃以及1868年明治新政府的成立。遗憾的是,魏源表达的改革诉求在中国国内没有被人们充分理解和重视。

  后来,清朝和日本于1871年缔结了《中日修好条规》,正式建立了外交关系。这是自894年根据菅原道真的建议停止派遣唐使以来首次缔结的国与国之间的正式条约。

  1877年,清朝在东京开设了相当于现在的大使馆的公使馆,官员中的大多数是通过了科举考试的人。其中有一位叫黄遵宪的,他回国后写了一部叫《日本国志》的书,介绍了日本的情况,对明治维新给予了比较高的评价。

  然而,1894年,为了争夺朝鲜半岛的统治权,爆发了甲午战争。1895年日本胜利了。第二年,清朝向日本派出了13名官费留学生。1899年派出了200名,1902年派出了500名。1904年,为了争夺对朝鲜半岛和中国东北地区的统治权,爆发了日俄战争。第二年,当日本再次成为战胜国后,此前始终把日本轻视为小国的清朝对日本掀起了空前的关心。1905年,一万多名官费、私费留学生从清朝来到日本。其中有1911年发动辛亥革命,次年建立中华民国并就任临时大总统的孙中山;有在日本学了军事学,后来发动了护国战争的蔡锷;有中国共产党主要创始人陈独秀;有中国现代文学之父鲁迅;有日本文化研究开拓者周作人(鲁迅的胞弟);有孙中山的继承人蒋介石;有中国地质学之父李四光……

  民国时期留学日本的代表人物,有文学家郭沫若,中华人民共和国总理周恩来,美术家张大千,创作了中国的国歌《义勇军进行曲》歌词的田汉等人。

  此外,从1896年到1911年,由日语翻译成汉语的有关西方的书籍达958册。

  以遣隋使和遣唐使身份从日本到中国留学的人是七千人左右,从清末到民国时期留学日本的中国人有两万多人。但是,遣隋使和遣唐使冒着生命危险到隋朝和唐朝,是为了学习其最先进的文化;而从清末到民国时期东渡日本的大多数留学生,他们想学习的不是日本文化本身,而是通过日本这个平台吸取欧美国家最先进的文化。

本文を中国語で発音し、精読していきましょう。

中国　　到了　清末，在　先后　两次　鸦片战争[1]　中　败给了
Zhōngguó dàole Qīng mò, zài xiānhòu liǎng-cì Yāpiàn-zhànzhēng zhōng bàigěile

英军　和　英法　联军。由于[2]　第一次　鸦片战争　的　主战场　在
Yīng-jūn hé Yīng-Fǎ liánjūn. Yóuyú dì-yī-cì Yāpiàn-zhànzhēng de zhǔzhànchǎng zài

南方　的　广东，远离　首都　北京，再　加上　其他　因素，当时　的
nánfāng de Guǎngdōng, yuǎnlí shǒudū Běijīng, zài jiāshang qítā yīnsù, dāngshí de

清　政府　没有　认识到　战败　的　严重性[3]，竟然[4]　在　吃了　败仗
Qīng zhèngfǔ méiyou rènshidào zhànbài de yánzhòngxìng, jìngrán zài chīle bàizhàng

后　还　继续　蔑称　英国　为"英夷[5]"。但是，清　政府　官员[6]　中
hòu hái jìxù mièchēng Yīngguó wéi "Yīngyí". Dànshi, Qīng zhèngfǔ guānyuán zhōng

也　有　产生　危机感　的　人，其中　之　一　就是　出生于　湖南省
yě yǒu chǎnshēng wēijīgǎn de rén, qízhōng zhī yī jiùshi chūshēngyú Húnán-shěng

的　魏源[7]。魏源　考取[8]　进士[9]　后　在　地方上　做官[10]，是　林则徐[11]
de Wèi-Yuán. Wèi-Yuán kǎoqǔ jìnshì hòu zài dìfāngshang zuòguān, shì Lín-Zéxú

的　智囊[12]，1843 年　在　扬州[13]　出版了　一部　论述　军事　地理　思想
de zhìnáng, yībāsìsān-nián zài Yángzhōu chūbǎnle yí-bù lùnshù jūnshì dìlǐ sīxiǎng

和　海防　思想　的《海国图志》，共　50卷。他　在　书　中　倡导[14]
hé hǎifáng sīxiǎng de《Hǎiguótúzhì》, gòng wǔshí-juàn. Tā zài shū zhōng chàngdǎo

"师　夷　长技[15]　以　制　夷"。顺便[16]　说　一下，"中国"　这　一　词汇　虽然[17]
"shī yí chángjì yǐ zhì yí". Shùnbiàn shuō yíxià, "Zhōngguó" zhè yì cíhuì suīrán

古来　有　之，但　作为[18]　表示　近代　主权　国家　概念　的　名称，
gǔlái yǒu zhī, dàn zuòwéi biǎoshì jìndài zhǔquán guójiā gàiniàn de míngchēng,

語注

1. 鸦片战争　Yāpiàn-zhànzhēng　アヘン戦争
2. 由于〜　yóuyú　〜なので，〜だから
3. 严重性　yánzhòngxìng　深刻さ
4. 竟然　jìngrán　意外にも
5. 英夷　Yīngyí　イギリスをさげすんだ言い方。'夷 yí' とは，異民族や外国人をさげすんで言う言い方
6. 官员　guānyuán　官吏，役人
7. 魏源　Wèi-Yuán　ギゲン（1794〜1850）
8. 考取　kǎoqǔ　試験に合格して採用される
9. 进士　jìnshì　進士。科挙の最終試験に合格した者
10. 做官　zuòguān　役人になる
11. 林则徐　Lín-Zéxú　リンソクジョ（1785〜1850）。清末の官僚。第四課「広州」を参照。
12. 智囊　zhìnáng　知恵袋，ブレーン
13. 扬州　Yángzhōu　揚州，ヨウシュウ。現在の江蘇省にある都市
14. 倡导　chàngdǎo　唱え導く，主張する
15. 长技　chángjì　特意な技能
16. 顺便　shùnbiàn　ついでに
17. 虽然A，但B　suīrán A, dàn B　Aだけれども，しかしBである
18. 作为〜　zuòwéi　〜とする，〜と見なす

是在第一次鸦片战争之后清政府同英国签订[19]的《南京条约》[20]中开始使用的，那是1842年的事儿。

清朝在鸦片战争中战败的消息[21]，很快就被清朝的商人们传到了日本。当时日本正处于[22]江户幕府时代末期，很多日本人深刻地认识[23]到清朝的失败在国际社会上意味着什么，不少知识分子[24]有了危机感。魏源的《海国图志》也很快传到了日本。这套[25]书虽然被江户幕府列为[26]禁书，但佐久间象山[27]和吉田松阴[28]等人还是读到了。在日本国内，越来越多的人形成了一个共识[29]，那就是改变现行体制乃[30]当务之急[31]。这导致[32]了江户幕府的开国、崩溃[33]以及1868年明治新政府的成立。遗憾[34]的是，魏源表达的改革诉求[35]在中国国内没有被人们充分理解和重视。

19. 签订　qiāndìng　調印する
20. 南京条约　Nánjīng tiáoyuē　1842年に締結された第一次アヘン戦争の講和条約
21. 消息　xiāoxi　情報、ニュース
22. 处于～　chǔyú　～に身を置く
23. 认识　rènshi　認識する
24. 知识分子　zhīshi-fènzǐ　知識人
25. 套　tào　一組になったものの数え方
26. 列为～　lièwéi　～として並べる
27. 佐久间象山　Zuǒjiǔjiān-Xiàngshān　さくましょうざん。1811～1864年，江戸時代末期の開国論者。門下に勝海舟，吉田松陰らがいる
28. 吉田松阴　Jítián-Sōngyīn　よしだしょういん。1830～1859年，江戸時代末期の尊王論者。高杉晋作，井上馨，伊藤博文らを輩出した松下村塾を開いた
29. 共识　gòngshí　共通認識
30. A乃B　A nǎi B　[書] AはBである
31. 当务之急　dāngwùzhījí　[成語] 当面の急務
32. 导致　dǎozhì　導く，ひき起こす
33. 崩溃　bēngkuì　崩壊
34. 遗憾　yíhàn　残念である
35. 诉求　sùqiú　訴え

后来，清朝 和 日本 于 1871 年 缔结了 《中日 修好 条规》[36]，
Hòulái, Qīng-cháo hé Rìběn yú yībāqīyī-nián dìjiéle 《Zhōng-Rì xiūhǎo tiáoguī》,

正式 建立了 外交 关系。这 是 自 894 年 根据[37] 菅原道真 的
zhèngshì jiànlìle wàijiāo guānxi. Zhè shì zì bājiǔsì-nián gēnjù Jiānyuán-Dàozhēn de

建议 停止 派 遣唐使 以来 首次[38] 缔结 的 国 与 国 之 间 的
jiànyì tíngzhǐ pài Qiǎn-Táng-shǐ yǐlái shǒucì dìjié de guó yǔ guó zhī jiān de

正式 条约。
zhèngshì tiáoyuē.

1877 年，清朝 在 东京 开设了 相当于 现在 的大使馆 的
Yībāqīqī-nián, Qīng-cháo zài Dōngjīng kāishèle xiāngdāngyú xiànzài de dàshǐguǎn de

公使馆，官员 中 的 大多数 是 通过了 科举 考试[39] 的 人。
gōngshǐguǎn, guānyuán zhōng de dàduōshù shì tōngguòle kējǔ kǎoshì de rén.

其中 有 一位 叫 黄遵宪[40] 的，他 回国 后 写了 一部 叫
Qízhōng yǒu yí-wèi jiào Huáng-Zūnxiàn de, tā huíguó hòu xiěle yí-bù jiào

《日本国志》 的 书，介绍了 日本 的 情况，对 明治维新 给予[41]了
《Rìběnguózhì》 de shū, jièshàole Rìběn de qíngkuàng, duì Míngzhì-wéixīn jǐyǔle

比较 高 的 评价。
bǐjiào gāo de píngjià.

然而，1894 年，为了 争夺 朝鲜半岛 的 统治权，爆发了
Rán'ér, yībājiǔsì-nián, wèile zhēngduó Cháoxiǎn-bàndǎo de tǒngzhìquán, bàofāle

甲午战争[42]。1895 年 日本 胜利了。第二年，清朝 向 日本
Jiǎwǔ-zhànzhēng. Yībājiǔwǔ-nián Rìběn shènglìle. Dì-èr-nián, Qīng-cháo xiàng Rìběn

派出了 13 名 官费 留学生。1899 年 派出了 200 名，
pàichūle shísān-míng guānfèi liúxuéshēng. Yībājiǔjiǔ-nián pàichūle èrbǎi-míng,

1902 年 派出了 500 名。1904 年，为了 争夺 对
yījiǔlíng'èr-nián pàichūle wǔbǎi-míng. Yījiǔlíngsì-nián, wèile zhēngduó duì

朝鲜半岛 和 中国 东北 地区 的 统治权，爆发了 日俄战争[43]。
Cháoxiǎnbàndǎo hé Zhōngguó dōngběi dìqū de tǒngzhìquán, bàofāle Rì-É-zhànzhēng.

---

[36] 中日修好条规　Zhōng-Rì xiūhǎo tiáoguī　日清修好条规
[37] 根据　gēnjù　～に基づいて
[38] 首次　shǒucì　初めて
[39] 考试　kǎoshì　試験
[40] 黄遵宪　Huáng-Zūnxiàn　黄遵憲、コウジュンケン（1848～1905）。清末の外交官。1877年に訪日
[41] 给予　jǐyǔ　与える
[42] 甲午战争　Jiǎwǔ-zhànzhēng　日清戦争のこと
[43] 日俄战争　Rì-É-zhànzhēng　日露戦争

第二年，当日本再次成为战胜国后，此前始终把日本
Dì-èr-nián, dāng Rìběn zàicì chéngwéi zhànshèngguó hòu, cǐqián shǐzhōng bǎ Rìběn

轻视为小国的清朝对日本掀起[44]了空前的关心。1905年，
qīngshìwéi xiǎoguó de Qīng-cháo duì Rìběn xiānqǐle kōngqián de guānxīn. Yījiǔlíngwǔ-nián,

一万多名官费、私费留学生从清朝来到日本。其中有
yíwànduō-míng guānfèi、sīfèi liúxuéshēng cóng Qīng-cháo láidào Rìběn. Qízhōng yǒu

1911年发动辛亥革命[45]，次年建立中华民国并就任临时
yījiǔyīyī-nián fādòng Xīnhài-gémìng, cìnián jiànlì Zhōnghuámínguó bìng jiùrèn línshí

大总统的孙中山[46]；有在日本学了军事学，后来发动了
dàzǒngtǒng de Sūn-Zhōngshān; yǒu zài Rìběn xuéle jūnshìxué, hòulái fādòngle

护国战争[47]的蔡锷[48]；有中国共产党主要创始人
Hùguó-zhànzhēng de Cài-È; yǒu Zhōngguó gòngchǎndǎng zhǔyào chuàngshǐrén

陈独秀[49]；有中国现代文学之父鲁迅[50]；有日本文化研究
Chén-Dúxiù; yǒu Zhōngguó xiàndài wénxué zhī fù Lǔ-Xùn; yǒu Rìběn wénhuà yánjiū

开拓者周作人[51]（鲁迅的胞弟）；有孙中山的继承人
kāituòzhě Zhōu-Zuòrén (Lǔ-Xùn de bāodì); yǒu Sūn-Zhōngshān de jìchéngrén

蒋介石[52]；有中国地质学之父李四光[53]……
Jiǎng-Jièshí; yǒu Zhōngguó dìzhìxué zhī fù Lǐ-Sìguāng……

---

44. 掀起 xiānqǐ （大規模な運動や気運が）高まる，盛り上がる
45. 辛亥革命 Xīnhài-gémìng 1911～1912年。清朝を倒し，中華民国を樹立した革命
46. 孙中山 Sūn-Zhōngshān ソンチュウザン＝孫文。第二課，P.9の語注32参照
47. 护国战争 Hùguó-zhànzhēng 護国戦争(1915～1916)。蔡鍔らが中心となって袁世凱の皇帝即位に反対し，雲南省で独立を宣言した中国国内の内戦。結果，袁世凱は退位した
48. 蔡锷 Cài-È 蔡鍔，サイガク（1882～1916)。日本の士官学校に留学。日本で病死
49. 陈独秀 Chén-Dúxiù 陳独秀，チンドクシウ（1879～1942）。日本の東京高等師範学校速成科卒業
50. 鲁迅 Lǔ-Xùn ロジン（1881～1936）。第十六課参照
51. 周作人 Zhōu-Zuòrén シュウサクジン（1885～1967）。1908年に立教大学に入学
52. 蒋介石 Jiǎng-Jièshí ショウカイセキ（1887～1975）。日本陸軍士官学校出身。1949年に中国共産党との内戦に敗れ，台湾に中国国民党政権を移す。1975年に台北で死去
53. 李四光 Lǐ-Sìguāng リシコウ（1889～1971）。1904年に日本に留学

民国 时期 留学 日本 的 代表 人物，有 文学家 郭沫若[54]，
Mínguó shíqī liúxué Rìběn de dàibiǎo rénwù, yǒu wénxuéjiā Guō-Mòruò,

中华人民共和国 总理 周恩来[55]，美术家 张大千[56]，创作了
Zhōnghuárénmíngònghéguó zǒnglǐ Zhōu-Ēnlái, měishùjiā Zhāng-Dàqiān, chuàngzuòle

中国 的 国歌 《义勇军进行曲》 歌词 的 田汉[57] 等 人。
Zhōngguó de guógē 《Yìyǒngjūn-jìnxíngqǔ》 gēcí de Tián-Hàn děng rén.

此外， 从 1896 年 到 1911 年， 由[58] 日语 翻译成 汉语
Cǐwài, cóng yībājiǔliù-nián dào yījiǔyīyī-nián, yóu Rìyǔ fānyìchéng Hànyǔ

的 有关 西方 的 书籍 达 958 册。
de yǒuguān xīfāng de shūjí dá jiǔbǎiwǔshíbā-cè.

以 遣隋使 和 遣唐使 身份 从 日本 到 中国 留学
Yǐ Qiǎn-Suí-shǐ hé Qiǎn-Táng-shǐ shēnfèn cóng Rìběn dào Zhōngguó liúxué

的 人 是 七千人 左右，从 清 末 到 民国 时期 留学 日本 的
de rén shì qīqiān-rén zuǒyòu, cóng Qīng mò dào Mínguó shíqī liúxué Rìběn de

中国人 有 两万多人。 但是，遣隋使 和 遣唐使 冒着
Zhōngguórén yǒu liǎngwànduō-rén. Dànshi, Qiǎn-Suí-shǐ hé Qiǎn-Táng-shǐ màozhe

生命 危险 到 隋朝 和 唐朝，是 为了 学习 其 最 先进
shēngmìng wēixiǎn dào Suí-cháo hé Táng-cháo, shì wèile xuéxí qí zuì xiānjìn

的 文化； 而 从 清 末 到 民国 时期 东渡 日本 的 大多数
de wénhuà; ér cóng Qīng mò dào Mínguó shíqī dōngdù Rìběn de dàduōshù

留学生， 他们 想 学习 的 不 是 日本 文化 本身[59]，而 是 通过
liúxuéshēng, tāmen xiǎng xuéxí de bú shì Rìběn wénhuà běnshēn, ér shì tōngguò

日本 这个 平台[60] 吸取 欧美 国家 最 先进 的 文化。
Rìběn zhège píngtái xīqǔ Ōu-Měi guójiā zuì xiānjìn de wénhuà

54. 郭沫若 Guō-Mòruò カクマツジャク（1892～1978）。1914 年に九州大学医学部に留学
55. 周恩来 Zhōu-Ēnlái シュウオンライ（1898～1976）。1917 年に日本に留学。1949 年中華人民共和国成立後は、国務院総理兼外交部長となり、1976 年に死去するまで総理を務めた
56. 张大千 Zhāng-Dàqiān 張大千，チョウタイセン（1899～1983）。1917 年に京都に留学し、京都芸術専門学校で 3 年間学ぶ
57. 田汉 Tián-Hàn 田漢，デンカン（1898～1968）。1917 年に日本に留学し、東京高等師範学校に学ぶ
58. 由〜 yóu〜 〜から。起点を表わす
59. 本身 běnshēn それ自身
60. 平台 píngtái プラットフォーム，土台

第二十四课
1972年的中日邦交正常化

● **基礎知識**

　　1931年、日本の関東軍が中国東北地方で満州事変（'九・一八事変'）を起こし、翌1932年に、清朝最後の皇帝であった愛新覚羅溥儀（アイシンカクラフギ）を執政として満州国を建国。さらに1937年に盧溝橋事変（'七・七事変'）を起こして日中全面戦争となり、1945年の日本敗戦まで、日本の中国への侵略戦争は続きました。

　　日本の敗戦後、中国国内では共産党と国民党の内戦が起こり、1949年10月1日に、勝利した中国共産党によって中華人民共和国が建国されるまで、内戦は続きました。

　　1951年9月、サンフランシスコで開催された対日講和会議において《サンフランシスコ条約》が締結され、翌1952年、それまでGHQの占領下にあった日本は主権を回復しました。

　　1955年、インドネシアのバンドンで第1回アジア・アフリカ会議が開かれました。この会議には、中国政府代表として周恩来首相が出席、日本政府代表としては、鳩山一郎首相の代理として高碕達之助（経済審議庁長官）が出席。会議の期間中に両者の間で、まずは貿易によって日中の復興を図っていこうという話がなされましたが、東西冷戦の世界情勢の中、実現には至りませんでした。その後、池田勇人内閣の時、高碕達之助（通商産業大臣）は企業のトップらとともに1962年に訪中経済使節団団長として訪中。この時、周恩来首相と毛沢東主席の命を受けた廖承志（リョウショウシ）が高碕達之助と会談し、「日中長期総合貿易に関する覚書」（LT協定）が調印され、これによって日中間の経済交流が再開されました。さらに1964年9月には日中両国の常駐記者の交換が始まり、両国の情報の量的、質的変化が始まりました。

　　1971年3月、名古屋で開催された第31回世界卓球選手権に、中国は文化大革命後初めて代表団を派遣しました。またこの大会をきっかけに、米中間でも「ピンポン外交」が行われました。アメリカは同年7月、キッシンジャー大統領補佐官がニクソン大統領の特使として密かに北京を訪問、極秘で米中政府間協議を行いました。翌1972年2月、ニクソン大統領が電撃的に中国を訪問、これにより米中関係は和解へと転換しました。

　　日本では1972年7月、田中角栄が内閣総理大臣に就任。田中首相が首相談話で「日中国交正常化を急ぐ必要がある」と述べると、すぐに周恩来首相が「歓迎する」旨を表明、田中首相は、アメリカよりも早く日中国交正常化を果たすことを決断します。9月25日、田中角栄首相、大平正芳外務大臣らが中国を訪問。翌26日の会談で、中国側は日本側に対して「戦争の賠償請求の放棄」を約束、日本側は中国側に対して「台湾は中国の一部と認める」と約束。そして9月29日、日中国交正常化が実現しました。6年後の1978年8月、「日中平和友好条約」が調印され、この後、日本から一般人が中国へ観光旅行に行けるようになりました。しかし中国人の日本への個人旅行が認められるのは、これより30年以上あとのことです。

　　遣隋使、遣唐使では、日本の超エリートが隋、唐王朝へ学びに行きましたが、中国から日本へ来る人はわずかでした。一方、清朝末期に中国の知識人が日本に留学したのは日本で西洋文化を学ぶためでした。日中両国の民間レベルの直接接触による交流は、まだまだ始まったばかりです。

● 本文

1945年8月15日，日本国民通过广播得知政府接受了同盟国督促日本无条件投降的《波茨坦公告》。因而8月15日在日本被称为"终战纪念日"。

1931年，日本的关东军在中国东北地区发动了"九·一八事变"。1932年，在日本的操纵下，建立了以清朝的末代皇帝溥仪为"执政"的满洲国。1937年发生了"卢沟桥事变"，这导致中日两国进入全面交战状态，日本对中国的侵略持续到1945年战败为止。

日本战败以后，在中国国内，爆发了共产党和国民党的内战。1949年10月1日，获得胜利的共产党成立了中华人民共和国。

我们来回顾一下到1972年实现中日邦交正常化之前的历程吧。

1951年9月，召开了由日本与48国参加的旧金山对日讲和会议。在这次会议上缔结了《旧金山和约》。1952年，被GHQ（驻日盟军总司令部）占领下的日本恢复了主权。

1955年，在印度尼西亚的万隆召开了第一次亚非会议。会议参加国是从欧美列强的殖民地统治下独立的29个亚非国家。在这次会议上通过了处理国际关系的十项原则。周恩来总理作为中国政府代表出席了会议。作为日本政府代表出席会议的，是在鸠山一郎内阁中担任经济审议厅长官的高碕达之助，他的身份是鸠山首相的代理。会议期间，双方商定以贸易为突破口实现中日两国的复兴。但是，迫于东西方冷战的国际形势，未能付诸于实施。后来，池田勇人内阁诞生后，时任通商产业大臣的高碕达之助担任访华经济使节团团长，率经济界人士于1962年访问了中国。访华期间，亚非连带委员会主席廖承志在毛泽东主席和周恩来总理的指示下同高碕会谈，签订了《中日长期综合贸易备忘录》(LT协定)。这项合作由他们二位姓氏的罗马字得名"LT贸易"，中日双方分别在东京和北京开设了LT贸易事务所，重启了中日两国之间的经济交流。1964年9月，7名中国记者派驻东京，7名日本记者派驻北京，开始了中日两国常驻记者的互派。中日两国的信息开始发生量的和质的变化。

遗憾的是，高碕达之助没能亲眼见证中日邦交正常化，他于1964年2月去世了。对于他的去世，同他有过亲密交往的周恩来总理表示了哀悼。中日两国基于通过贸易来实现繁荣这一共识，开展了半官半民的大规模的贸易。这项贸易往来持续到中日邦交正常化实现后的第二年，即1973年。

1971年3月，中国派代表团参加在名古屋举办的第31届世界乒乓球锦标赛。这是文化大革命开始后中国首次派团参加该项比赛。在这次比赛中，中美两国运动员之间发生了一个小小的插曲。这个插曲促成了美国乒乓球代表团的首次访华，结束了两国二十多年来人员交往隔绝的局面。一年以后中国乒乓球队应邀访问美国。中美两国乒乓球队的互访成为全世界关注的重大事件，被媒体称为"乒乓外交"。1971年7月，尼克松总统的国家安全事务助理基辛格以总统特使身份秘密访问北京，中美两国政府进行了秘密磋商。1972年2月，尼克松总统闪电式地访问中国，中美关系从此走向和解。尼克松总统访华的消息是在公开发表前两个小时才通告日本政府的。

1972年7月7日，对打开中日关系持积极态度的田中角荣就任内阁总理大臣。田中首相在首相谈话中表示"要加快与中华人民共和国邦交正常化的步伐"。7月9日，周恩来总理对此表明了欢迎的意向。田中首相决定抢在美国之前实现同中国的邦交正常化。9月25日，田中角荣首相、大平正芳外务大臣等访问中国，国务院总理周恩来、外交部长姬鹏飞、中日友好协会会长廖承志等前往北京机场迎接。在次日即26日的会谈中，中方向日方承诺"放弃战争赔款请求"，日方向中方承诺"承认台湾是中国的一部分"。这样，9月29日，日本国总理大臣田中角荣和外务大臣大平正芳，中华人民共和国国务院总理周恩来和外交部长姬鹏飞，分别在日本国政府和中华人民共和国政府的共同声明即《中日联合声明》上签字，中日邦交正常化实现了。

可以说，中日邦交正常化得以实现，致力于十年"LT贸易"的经济界人士发挥了重大的作用。还有，在实现邦交正常化问题上，周恩来总理提出"求大同，存小异"，大平正芳外相提出"要为今后亚洲的发展开动脑筋"、"要培养日中两国间强有力的人脉"。六年以后，1978年8月，在福田

赳夫首相执政期间，为了进一步发展中日关系，签订了《中日和平友好条约》。此后，众多普通日本老百姓能够去中国观光旅游了。然而，中国人到日本个人旅游是在2009年才被允许的。

遣隋使、遣唐使等日本的超级精英前往隋朝、唐朝学习。但那个时代几乎没人从中国来日本。清朝末期，来日留学的中国的知识分子和学生是为了学习西方文化。日本人和中国人在民间层次上面对面的交流才刚刚开始。

本文を中国語で発音し、精読していきましょう。

1945年8月15日，日本国民通过广播[1]得知政府接受了同盟国[2]督促日本无条件投降的《波茨坦公告》[3]。因而[4]8月15日在日本被称为"终战纪念日"。

1931年，日本的关东军在中国东北地区发动了"九・一八事变"[5]。1932年，在日本的操纵[6]下，建立了以[7]清朝的末代皇帝溥仪[8]为"执政"的满洲国。1937年发生了"卢沟桥事变"[9]，这导致[10]中日两国进入全面交战状态，日本对中国的侵略持续到1945年战败为止[11]。

日本战败以后，在中国国内，爆发了共产党和国民党的内战。1949年10月1日，获得胜利的共产党成立了中华人民共和国。

語注

1. 广播　guǎngbō　ラジオ放送
2. 同盟国　tóngméngguó　（第二次世界大戦での）連合国
3. 波茨坦公告　Bōcítǎn gōnggào　ポツダム宣言
4. 因而　yīn'ér　従って、だから
5. 九・一八事变　Jiǔ・yībā shìbiàn　満州事変
6. 操纵　cāozòng　（人や事物を不当な手段で）支配する、操る
7. 以A为B　yǐ A wéi B　AをBとする
8. 溥仪　Pǔyí　愛新覚羅溥儀、アイシンカクラフギ（1906～1967）
9. 卢沟桥事变　Lúgōuqiáo shìbiàn　盧溝橋事変
10. 导致　dǎozhì　（悪い結果を）ひき起こす、導く
11. 为止　wéizhǐ　～まで

我们 来[12] 回顾[13] 一下 到 1972 年 实现 中日 邦交[14]
Wǒmen lái huígù yíxià dào yījiǔqī'èr-nián shíxiàn Zhōng-Rì bāngjiāo
正常化 之 前 的 历程[15] 吧。
zhèngchánghuà zhī qián de lìchéng ba.

1951 年 9 月,召开[16]了 由[17] 日本 与 48 国 参加 的 旧金山[18]
Yījiǔwǔyī-nián jiǔ-yuè, zhàokāile yóu Rìběn yǔ sìshibā-guó cānjiā de Jiùjīnshān
对 日 讲和 会议。在 这次 会议上 缔结了《旧金山 和约》[19]。1952 年,
duì Rì jiǎnghé huìyì. Zài zhè-cì huìyìshang dìjiéle 《Jiùjīnshān héyuē》. Yījiǔwǔ'èr-nián,
被 GHQ（驻 日 盟军[20] 总司令部）占领 下 的 日本 恢复[21]了 主权。
bèi GHQ (zhù Rì méngjūn zǒngsīlìng-bù) zhànlǐng xià de Rìběn huīfùle zhǔquán.

1955 年,在 印度尼西亚[22] 的 万隆[23] 召开了 第一次 亚非[24] 会议。会议
Yījiǔwǔwǔ-nián, zài Yìndùníxīyà de Wànlóng zhàokāile dì-yī-cì Yà-Fēi huìyì. Huìyì
参加 国 是 从 欧美 列强 的 殖民地 统治 下独立 的 29 个 亚非
cānjiā guó shì cóng Ōu-Měi lièqiáng de zhímíndì tǒngzhì xià dúlì de èrshijiǔ-ge Yà-Fēi
国家。在 这次 会议上 通过了 处理 国际 关系 的 十项 原则。周恩来
guójiā. Zài zhè-cì huìyìshang tōngguòle chǔlǐ guójì guānxi de shíxiàng yuánzé. Zhōu-Ēnlái
总理 作为[25] 中国 政府 代表 出席了 会议。作为 日本 政府 代表
zǒnglǐ zuòwéi Zhōngguó zhèngfǔ dàibiǎo chūxíle huìyì. Zuòwéi Rìběn zhèngfǔ dàibiǎo
出席 会议 的,是 在 鸠山一郎 内阁 中 担任 经济审议厅 长官
chūxí huìyì de, shì zài Jiūshān-Yīláng nèigé zhōng dānrèn jīngjì-shěnyì-tīng zhǎngguān
的 高碕达之助,他 的 身份 是 鸠山 首相 的 代理。会议 期间,
de Gāoqí-Dázhīzhù, tā de shēnfèn shì Jiūshān shǒuxiàng de dàilǐ. Huìyì qījiān,
双方 商定[26]以 贸易 为 突破口 实现 中日 两国 的 复兴[27]。
shuāngfāng shāngdìng yǐ màoyì wéi tūpòkǒu shíxiàn Zhōng-Rì liǎngguó de fùxīng.
但是,迫于[28] 东西方 冷战 的 国际 形势,未能[29] 付诸于[30]实施。后来,
Dànshi, pòyú dōngxīfāng lěngzhàn de guójì xíngshì, wèinéng fùzhūyú shíshī. Hòulái,
池田勇人 内阁 诞生 后,时任[31] 通商产业大臣 的 高碕达之助
Chítián-Yǒngrén nèigé dànshēng hòu, shírèn tōngshāng-chǎnyè-dàchén de Gāoqí-Dázhīzhù

12.	来	lái	積極的にする
13.	回顾	huígù	回顧する
14.	邦交	bāngjiāo	国交
15.	历程	lìchéng	過程, 歩み
16.	召开	zhàokāi	召集する, 開く
17.	由～	yóu~	～が
18.	旧金山	Jiùjīnshān	サンフランシスコ
19.	和约	héyuē	平和条約
20.	盟军	méngjūn	連合国軍
21.	恢复	huīfù	回復する
22.	印度尼西亚	Yìndùníxīyà	インドネシア
23.	万隆	Wànlóng	バンドン
24.	亚非	Yà-Fēi	アジア・アフリカ
25.	作为	zuòwéi	～として
26.	商定	shāngdìng	相談して決める, 合意に達する
27.	复兴	fùxīng	復興
28.	迫于～	pòyú~	～という状態に迫られて
29.	未能	wèinéng	いまだ～することはできない
30.	付诸于～	fùzhūyú~	～に付する, ～する
31.	时任	shírèn	その時に任にあたる

担任 访华经济使节团 团长，率 经济界 人士 于 1962 年
dānrèn fǎng-Huá-jīngjì-shǐjiétuán tuánzhǎng, shuài jīngjìjiè rénshì yú yījiǔliù'èr-nián
访问了 中国。访 华 期间， 亚非 连带委员会 主席 廖承志[32]
fǎngwènle Zhōngguó. Fǎng Huá qījiān, Yà-Fēi liándài-wěiyuánhuì zhǔxí Liào-Chéngzhì
在 毛泽东 主席 和 周恩来 总理 的 指示 下 同 高碕 会谈，签订[33]了
zài Máo-Zédōng zhǔxí hé Zhōu-Ēnlái zǒnglǐ de zhǐshì xià tóng Gāoqí huìtán, qiāndìngle
《中日 长期 综合 贸易 备忘录[34]》(LT 协定)。这项 合作[35] 由[36]
《Zhōng-Rì chángqī zōnghé màoyì bèiwànglù》(LT-xiédìng). Zhè-xiàng hézuò yóu
他们 二位 姓氏 的 罗马字[37] 得名[38] "LT 贸易"，中日 双方 分别
tāmen èr-wèi xìngshì de Luómǎzì démíng "LT-màoyì", Zhōng-Rì shuāngfāng fēnbié
在 东京 和 北京 开设了 LT 贸易 事务所，重启[39]了 中日 两国
zài Dōngjīng hé Běijīng kāishèle LT-màoyì shìwùsuǒ, chóngqǐle Zhōng-Rì liǎngguó
之 间 的 经济 交流。1964 年 9月，7 名 中国 记者 派驻 东京，
zhī jiān de jīngjì jiāoliú. Yījiǔliùsì-nián jiǔ-yuè, qī-míng Zhōngguó jìzhě pàizhù Dōngjīng,
7 名 日本 记者 派驻 北京，开始了 中日 两国 常驻 记者 的 互派[40]。
qī-míng Rìběn jìzhě pàizhù Běijīng, kāishǐle Zhōng-Rì liǎngguó chángzhù jìzhě de hùpài.
中日 两国 的 信息[41]开始 发生 量 的 和 质 的 变化。
Zhōng-Rì liǎngguó de xìnxī kāishǐ fāshēng liàng de hé zhì de biànhuà.

　　遗憾[42] 的 是，高碕达之助 没 能 亲眼[43] 见证[44] 中日 邦交
Yíhàn de shì, Gāoqí-Dázhīzhù méi néng qīnyǎn jiànzhèng Zhōng-Rì bāngjiāo
正常化， 他 于 1964 年 2月 去世了。对于 他 的 去世， 同 他
zhèngchánghuà, tā yú yījiǔliùsì-nián èr-yuè qùshìle. Duìyú tā de qùshì, tóng tā
有过 亲密 交往[45]的 周恩来 总理 表示了 哀悼。中日 两国 基于[46]
yǒuguo qīnmì jiāowǎng de Zhōu-Ēnlái zǒnglǐ biǎoshìle āidào. Zhōng-Rì liǎngguó jīyú
通过 贸易 来 实现 繁荣 这 一 共识[47]，开展了 半官半民 的
tōngguò màoyì lái shíxiàn fánróng zhè yí gòngshí, kāizhǎnle bànguānbànmín de
大规模 的 贸易。这项 贸易 往来 持续到 中日 邦交 正常化
dàguīmó de màoyì. Zhè-xiàng màoyì wǎnglái chíxùdào Zhōng-Rì bāngjiāo zhèngchánghuà

---

[32] 廖承志 Liào-Chéngzhì リョウショウシ
(1908～1983)。東京生れ。1919年に帰国し、1927年に再来日して，早稲田大学付属第一高等学院に入学

[33] 签订　　qiāndìng　　調印する，締結する

[34] 中日长期综合贸易备忘录
Zhōng-Rì chángqī zōnghé màoyì bèiwànglù
日中長期総合貿易に関する覚書

[35] 合作　　hézuò　　協力，合作

[36] 由～　　yóu～　　～から。起点を表わす

[37] 罗马字　　Luómǎzì　　ローマ字

[38] 得名　　démíng　　名付ける

[39] 重启　　chóngqǐ　　再開する，再始動する

[40] 互派　　hùpài　　相互派遣

[41] 信息　　xìnxī　　情報

[42] 遗憾　　yíhàn　　残念である

[43] 亲眼　　qīnyǎn　　自分自身の眼で

[44] 见证　　jiànzhèng　　立ち会う

[45] 交往　　jiāowǎng　　付き合う，交際する

[46] 基于～　　jīyú～　　～に基づいて

[47] 共识　　gòngshí　　共通認識

实现 后 的 第二年，即 1973 年。
shíxiàn hòu de dì-èr-nián, jí yījiǔqīsān-nián.

　　1971 年 3 月，中国 派⁴⁸ 代表团 参加 在 名古屋 举办⁴⁹ 的
Yījiǔqīyī-nián sān-yuè, Zhōngguó pài dàibiǎotuán cānjiā zài Mínggǔwū jǔbàn de
第31届⁵⁰ 世界 乒乓球 锦标赛⁵¹。这 是 文化大革命⁵² 开始 后 中国
dì-sānshíyī-jiè shìjiè pīngpāngqiú jǐnbiāosài. Zhè shì Wénhuàdàgémìng kāishǐ hòu Zhōngguó
首次⁵³ 派 团 参加 该⁵⁴ 项 比赛⁵⁵。在 这次 比赛 中，中美 两国
shǒucì pài tuán cānjiā gāi xiàng bǐsài. Zài zhè-cì bǐsài zhōng, Zhōng-Měi liǎngguó
运动员⁵⁶ 之 间 发生了 一个 小小 的 插曲⁵⁷。这个 插曲 促成了
yùndòngyuán zhī jiān fāshēngle yíge xiǎoxiǎo de chāqǔ. Zhège chāqǔ cùchéngle
美国 乒乓球 代表团 的 首次 访 华,结束⁵⁸了 两国 二十多年
Měiguó pīngpāngqiú dàibiǎotuán de shǒucì fǎng Huá, jiéshùle liǎngguó èrshíduō-nián
来 人员 交往 隔绝 的 局面。一年 以后 中国 乒乓球队⁵⁹ 应邀⁶⁰
lái rényuán jiāowǎng géjué de júmiàn. Yìnián yǐhòu Zhōngguó pīngpāngqiú-duì yìngyāo
访问 美国。中美 两国 乒乓球队 的 互访⁶¹ 成为 全世界
fǎngwèn Měiguó. Zhōng-Měi liǎngguó pīngpāngqiú-duì de hùfǎng chéngwéi quánshìjiè
关注⁶² 的 重大 事件，被 媒体⁶³ 称为 "乒乓外交"⁶⁴。1971 年
guānzhù de zhòngdà shìjiàn, bèi méitǐ chēngwéi "Pīngpāng-wàijiāo". Yījiǔqīyī-nián
7 月，尼克松⁶⁵ 总统⁶⁶ 的 国家安全事务⁶⁷ 助理⁶⁸基辛格⁶⁹ 以 总统
qī-yuè, Níkèsōng zǒngtǒng de guójiā-ānquán-shìwù zhùlǐ Jīxīngé yǐ zǒngtǒng

◀ 2015年に愛知県体育館に設置されたピンポン外交記念モニュメント

48.	派	pài	派遣する
49.	举办	jǔbàn	開催する
50.	届	jiè	回数を表わす
51.	锦标赛	jǐnbiāosài	選手権大会
52.	文化大革命	Wénhuàdàgémìng	文化大革命（1966年から1976年まで続いた中国の大規模な政治運動）
53.	首次	shǒucì	初めて
54.	该	gāi	この
55.	比赛	bǐsài	試合，競技
56.	运动员	yùndòngyuán	スポーツ選手
57.	插曲	chāqǔ	エピソード
58.	结束	jiéshù	終結する
59.	~队	~duì	チーム
60.	应邀	yìngyāo	招きに応じる
61.	互访	hùfǎng	相互訪問
62.	关注	guānzhù	関心を持つ
63.	媒体	méitǐ	メディア
64.	乒乓外交	Pīngpāng-wàijiāo	ピンポン外交
65.	尼克松	Níkèsōng	ニクソン。第37代アメリカ大統領
66.	总统	zǒngtǒng	大統領
67.	国家安全事务	guójiā-ānquán-shìwù	国家安全保障問題担当
68.	助理	zhùlǐ	大統領補佐官
69.	基辛格	Jīxīngé	キッシンジャー

特使 身份 秘密 访问 北京, 中美 两国 政府 进行了 秘密
tèshǐ shēnfèn mìmì fǎngwèn Běijīng, Zhōng-Měi liǎngguó zhèngfǔ jìnxíngle mìmì

磋商[70]。 1972 年 2月, 尼克松 总统 闪电式[71]地 访问 中国,
cuōshāng. Yījiǔqī'èr-nián èr-yuè, Níkèsōng zǒngtǒng shǎndiànshì de fǎngwèn Zhōngguó,

中美 关系 从此 走向 和解。 尼克松 总统 访 华 的 消息
Zhōng-Měi guānxi cóngcǐ zǒuxiàng héjiě. Níkèsōng zǒngtǒng fǎng Huá de xiāoxi

是 在 公开 发表 前 两个 小时 才 通告 日本 政府 的。
shì zài gōngkāi fābiǎo qián liǎng-ge xiǎoshí cái tōnggào Rìběn zhèngfǔ de.

1972 年 7月 7日,对 打开 中日 关系 持 积极[72]态度的 田中
Yījiǔqī'èr-nián qī-yuè qī-rì, duì dǎkāi Zhōng-Rì guānxi chí jījí tàidù de Tiánzhōng

角荣 就任 内阁总理大臣。 田中 首相 在 首相 谈话 中
-Jiǎoróng jiùrèn nèigé-zǒnglǐ-dàchén. Tiánzhōng shǒuxiàng zài shǒuxiàng tánhuà zhōng

表示 "要 加快 与 中华人民共和国 邦交 正常化 的 步伐[73]。"
biǎoshì "yào jiākuài yǔ Zhōnghuárénmíngònghéguó bāngjiāo zhèngchánghuà de bùfá".

7月 9日, 周恩来 总理 对此 表明了 欢迎 的 意向。 田中
Qī-yuè jiǔ-rì, Zhōu-Ēnlái zǒnglǐ duì cǐ biǎomíngle huānyíng de yìxiàng. Tiánzhōng

首相 决定 抢[74]在 美国 之前 实现 同 中国 的 邦交
shǒuxiàng juédìng qiǎng zài Měiguó zhī qián shíxiàn tóng Zhōngguó de bāngjiāo

正常化。 9月 25日, 田中角荣 首相、 大平正芳
zhèngchánghuà. Jiǔ-yuè èrshiwǔ-rì, Tiánzhōng-Jiǎoróng shǒuxiàng、 Dàpíng-Zhèngfāng

外务大臣 等 访问 中国, 国务院总理 周恩来、 外交 部长
wàiwù-dàchén děng fǎngwèn Zhōngguó, guówùyuàn-zǒnglǐ Zhōu-Ēnlái, wàijiāo bùzhǎng

姬鹏飞[75]、 中日 友好协会 会长 廖承志 等 前往[76] 北京
Jī-Péngfēi、 Zhōng-Rì yǒuhǎo-xiéhuì huìzhǎng Liào-Chéngzhì děng qiánwǎng Běijīng

机场 迎接。在 次日 即 26日 的 会谈 中, 中方[77] 向 日方[78] 承诺
jīchǎng yíngjiē. Zài cìrì jí èrshiliù-rì de huìtán zhōng, Zhōngfāng xiàng Rìfāng chéngnuò

"放弃[79] 战争 赔款[80] 请求", 日方 向 中方 承诺 "承认[81]
"fàngqì zhànzhēng péikuǎn qǐngqiú", Rìfāng xiàng Zhōngfāng chéngnuò "chéngrèn

台湾 是 中国 的 一部分"。 这样, 9月 29日, 日本国 总理
Táiwān shì Zhōngguó de yíbùfen". Zhèyàng, jiǔ-yuè èrshijiǔ-rì, Rìběnguó zǒnglǐ

大臣 田中 角荣 和外务 大臣 大平 正芳, 中华人民共和国
dàchén Tiánzhōng-Jiǎoróng hé wàiwù dàchén Dàpíng-Zhèngfāng, Zhōnghuárénmíngònghéguó

---

70. 磋商　cuōshāng　協議する，交渉する
71. 闪电式　shǎndiànshì　稲光する，電撃的
72. 积极　jījí　積極的な
73. 步伐　bùfá　歩調，ペース
74. 抢　qiǎng　急いで〜する
75. 姬鹏飞　Jī-Péngfēi　姬鵬飛, キホウヒ (1910〜2000)
76. 前往　qiánwǎng　行く，向かう
77. 中方　Zhōngfāng　中国側
78. 日方　Rìfāng　日本側
79. 放弃　fàngqì　放棄する
80. 赔款　péikuǎn　賠償金
81. 承认　chéngrèn　承認する

第二十四课　1972年的中日邦交正常化

国务院总理 周恩来 和 外交 部长 姬鹏飞，分别 在 日本国
guówùyuàn-zǒnglǐ Zhōu-Ēnlái hé wàijiāo bùzhǎng Jī-Péngfēi, fēnbié zài Rìběnguó

政府 和 中华人民共和国 政府 的 共同 声明 即《中日
zhèngfǔ hé Zhōnghuárénmíngònghéguó zhèngfǔ de gòngtóng shēngmíng jí《Zhōng-Rì

联合声明》上 签字[82], 中日 邦交 正常化 实现了。
liánhé-shēngmíng》shang qiānzì, Zhōng-Rì bāngjiāo zhèngchánghuà shíxiànle.

可以 说，中日 邦交 正常化 得以[83]实现，致力于[84]十年"LT-
Kěyǐ shuō, Zhōng-Rì bāngjiāo zhèngchánghuà déyǐ shíxiàn, zhìlìyú shí-nián "LT-

贸易"的 经济界 人士 发挥了 重大 的 作用。还有，在 实现 邦交
màoyì" de jīngjìjiè rénshì fāhuīle zhòngdà de zuòyòng. Háiyǒu, zài shíxiàn bāngjiāo

正常化 问题上，周恩来 总理 提出"求 大同，存 小异"，大平
zhèngchánghuà wèntíshang, Zhōu-Ēnlái zǒnglǐ tíchū "qiú dàtóng, cún xiǎoyì", Dàpíng-

正芳 外相 提出"要 为 今后 亚洲[85]的 发展 开动 脑筋[86]"、
Zhèngfāng wàixiàng tíchū "yào wèi jīnhòu Yàzhōu de fāzhǎn kāidòng nǎojīn"、

"要 培养 日中 两国 间 强有力[87]的 人脉[88]"。六年 以后，1978 年
"yào péiyǎng Rì-Zhōng liǎngguó jiān qiángyǒulì de rénmài". Liù-nián yǐhòu, yījiǔqībā-nián

8月，在 福田赳夫 首相 执政 期间，为了 进一步 发展 中日
bā-yuè, zài Fútián-Jiūfū shǒuxiàng zhízhèng qījiān, wèile jìn yíbù fāzhǎn Zhōng-Rì

关系，签订了 《中日 和平 友好 条约》。此后，众多 普通 日本
guānxi, qiāndìngle 《Zhōng-Rì hépíng yǒuhǎo tiáoyuē》. Cǐhòu, zhòngduō pǔtōng Rìběn

老百姓 能够 去 中国 观光 旅游了。然而，中国人 到 日本
lǎobǎixìng nénggòu qù Zhōngguó guānguāng lǚyóu le. Rán'ér, Zhōngguórén dào rìběn

个人 旅游 是 在 2009 年 才 被 允许[89]的。
gèrén lǚyóu shì zài èrlínglíngjiǔ-nián cái bèi yǔnxǔ de.

遣隋使、遣唐使 等 日本 的 超级 精英[90]前往 隋朝、
Qiǎn-Suí-shǐ、Qiǎn-Táng-shǐ děng Rìběn de chāojí jīngyīng qiánwǎng Suí-cháo、

唐朝 学习。但 那个 时代 几乎[91]没 人 从 中国 来 日本。清朝
Táng-cháo xuéxí. Dàn nàge shídài jīhū méi rén cóng Zhōngguó lái Rìběn. Qīng-cháo

末期，来 日 留学 的 中国 的 知识分子[92]和 学生 是 为了 学习
mòqī, lái Rì liúxué de Zhōngguó de zhīshi-fènzǐ hé xuésheng shì wèile xuéxí

西方 文化。日本人 和 中国人 在 民间 层次[93]上 面 对 面 的
xīfāng wénhuà. Rìběnrén hé Zhōngguórén zài mínjiān céngcìshang miàn duì miàn de

交流 才 刚刚 开始。
jiāoliú cái gānggāng kāishǐ.

82. 签字　qiānzì　サインする
83. 得以　déyǐ　～することができる
84. 致力于～　zhìlìyú～　～に尽力する
85. 亚洲　Yàzhōu　アジア
86. 脑筋　nǎojīn　頭脳
87. 强有力　qiángyǒulì　力強い
88. 人脉　rénmài　人脈
89. 允许　yǔnxǔ　許可する
90. 精英　jīngyīng　エリート
91. 几乎　jīhū　ほとんど
92. 知识分子　zhīshi-fènzǐ　知識人
93. 层次　céngcì　レベル

付　録

- 「中華人民共和国政府と日本国政府の共同声明」
- 中国歴史年表
- 中国全図

■ 付録

中华人民共和国政府和日本国政府联合声明

日本国内阁总理大臣 田中角荣应中华人民共和国国务院总理 周恩来的邀请,于1972年9月25日至1972年9月30日访问了中华人民共和国。陪同田中角荣总理大臣的有 大平正芳外务大臣、二阶堂进内阁官房长官以及其他政府官员。

毛泽东主席于1972年9月27日会见了田中角荣总理大臣。双方进行了认真、友好的谈话。

周恩来总理、姬鹏飞外交部长和田中角荣总理大臣、大平正芳外务大臣,始终在友好气氛中,以中日两国邦交正常化问题为中心,就两国间的各项问题,以及双方关心的其他问题,认真、坦率地交换了双方的意见,同意发表两国政府的联合声明

中日两国是 一衣带水的邻邦,有着悠久的传统友好的历史。两国人民切望结束迄今存在于两国间的不正常状态。战争状态的结束,中日邦交的正常化,两国人民这种愿望的实现,将揭开两国关系史上新的一页。

日本方面痛感日本国过去由于战争给中国人民造成的重大损害的责任,表示深刻的反省。日本方面重申站在充分理解中华人民共和国政府提出的"复交三原则"的立场上,谋求实现日中邦交正常化这一见解。中国方面对此表示欢迎。

中日两国尽管社会制度不同,应该而且可以建立和平友好关系。两国邦交正常化,发展两国的睦邻友好关系,是符合两国人民利益的,也是对缓和亚洲紧张局势和维护世界和平的贡献。

(一) 自本声明公布之日起,中华人民共和国和日本国之间迄今为止的不正常状态宣告结束。

(二) 日本国政府承认中华人民共和国政府是中国的唯一合法政府。

(三) 中华人民共和国政府重申:台湾是中华人民共和国领土不可分割的一部分。日本国政府充分理解和尊重中国政府的这一立场,并坚持遵循波茨坦公告第八条的立场。

(四) 中华人民共和国政府和日本国政府决定自一九七二年九月二十九日起建立外交关系。两国政府决定,按照国际法和国际惯例,在各自的首都为对方大使馆的建立和履行职务采取一切必要的措施,并尽快互换大使。

(五) 中华人民共和国政府宣布:为了中日两国人民的友好,放弃对日本国的战争赔偿要求。

（六）中华人民共和国政府和日本国政府同意在互相尊重主权和领土完整、互不侵犯、互不干涉内政、平等互利、和平共处各项原则的基础上，建立两国间持久的和平友好关系。

根据上述原则和联合国宪章的原则，两国政府确认，在相互关系中，用和平手段解决一切争端，而不诉诸武力和武力威胁。

（七）中日邦交正常化，不是针对第三国的。两国任何一方都不应在亚洲和太平洋地区谋求霸权，每一方都反对任何其他国家或国家集团建立这种霸权的努力。

（八）中华人民共和国政府和日本国政府为了巩固和发展两国间的和平友好关系，同意进行以缔结和平友好条约为目的的谈判。

（九）中华人民共和国政府和日本国政府为进一步发展两国间的关系和扩大人员往来，根据需要并考虑到已有的民间协定，同意进行以缔结贸易、航海、航空、渔业等协定为目的的谈判。

中华人民共和国	日　本　国
（国务院总理）	（内阁总理大臣）
周恩来	田中角荣
（签字）	（签字）
中华人民共和国	日　本　国
（外交部长）	（外务大臣）
姬鹏飞	大平正芳
（签字）	（签字）

一九七二年九月二十九日于北京

■ 中国歴史年表

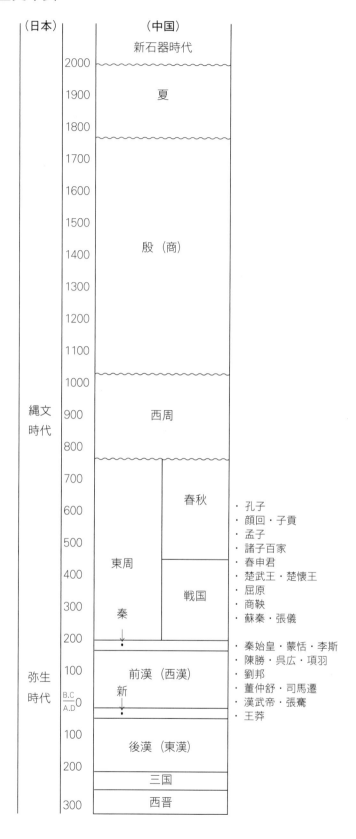

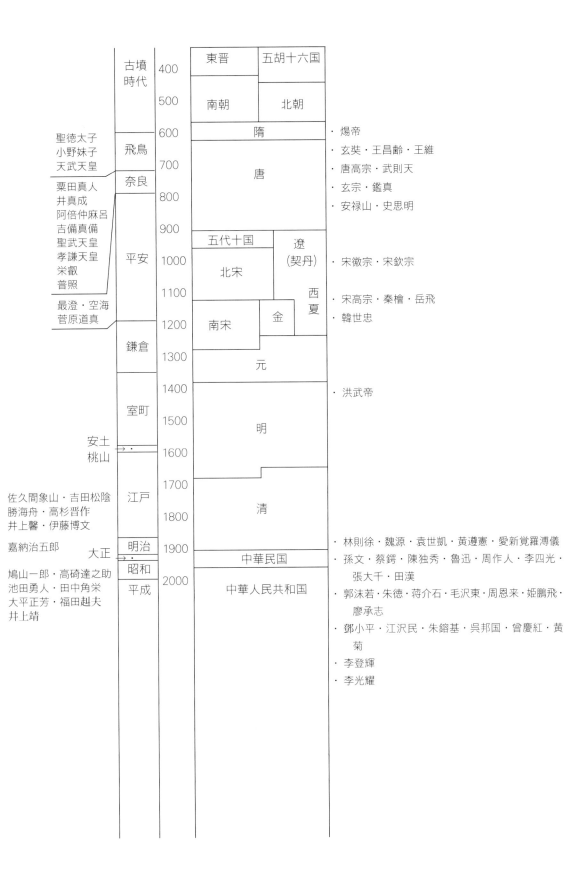

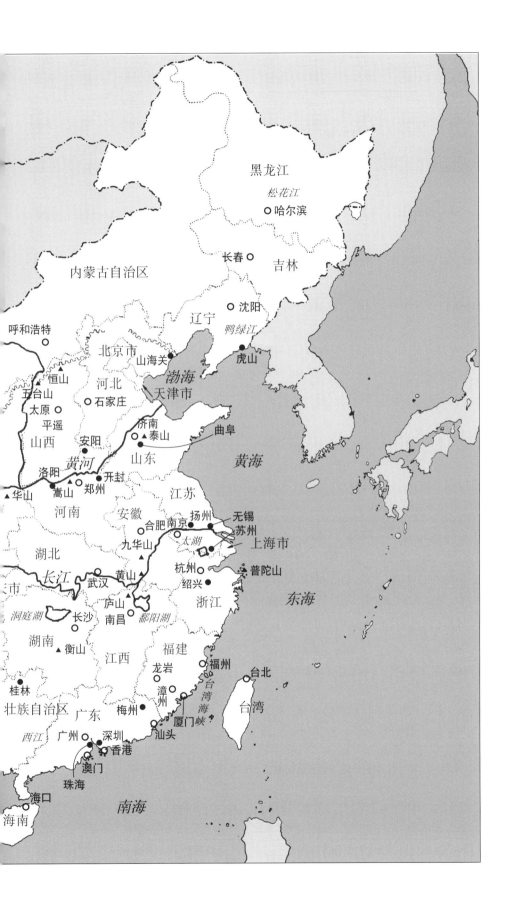

著　者
村松恵子　名城大学教授　文学博士
前田光子　名城大学、名古屋大学等講師
董　紅俊　名城大学、名古屋大学等講師

＊

表紙デザイン
唐　涛

Xīnbǎn・Zhōngguó zhī chuāng
新 版・中 国 之 窗
―认识真实的邻国―
新版・中国の窓――真実の隣国を知ろう

2011年3月30日　初版発行
2017年3月30日　新版第1刷発行
2023年3月30日　新版第7刷発行

著　者　村松恵子・前田光子・董　紅俊
発行者　佐藤和幸
発行所　白 帝 社
　　　　〒171-0014　東京都豊島区池袋2-65-1
　　　　TEL 03-3986-3271　　FAX 03-3986-3272
　　　　https://www.hakuteisha.co.jp

組版 柳葉コーポレーション　印刷 平河工業社　製本 ティーケー出版印刷

Printed in Japan〈検印省略〉6914　　　　ISBN978-4-86398-268-0
＊定価は表紙に表示してあります。

▶収録された音声に下記の誤りがあります。お詫びして訂正いたします。

トラック21（第二十一課　本文）

94ページ

2行目　600年 liùlínglíng-nián が「liùbǎi-nián」と吹き込まれていますが、
　　　　正しくは「liùlínglíng-nián」です。

4行目　607年 liùlíngqī-nián が「liùbǎilíngqī-nián」と吹き込まれていますが、
　　　　正しくは「liùlíngqī-nián」です。

WEB上での音声無料ダウンロードサービスについて

■『新版　中国之窓』の音声ファイル(MP3)を無料でダウンロードできます。
　「白帝社　中国之窓」で検索、または下記サイトにアクセスしてください。

　　　　　　　http://www.hakuteisha.co.jp/news/n33597.html

　　　・スマートフォンからアクセスする場合はQRコードを読み取ってください。

■ 本文中のCDマークの箇所が音声ファイル(MP3)提供箇所です。
■ ファイルはZIP形式で圧縮された形でダウンロードされます。
■ ファイルは「すべて」と「各課」ごとに選んでダウンロードすることができます。

※パソコンやスマートフォン(別途解凍アプリが必要)などにダウンロードしてご利用ください。
　ご使用機器、音声再生ソフトに関する技術的なご質問は、各メーカーにお問い合わせください。
　本テキストと音声は著作権法で保護されています。